좀
쉬었다
올게요

치앙마이
한 달 살기
가이드

출판사 클의 책을
만나보세요.

좀 쉬었다 올게요, 치앙마이 한 달 살기 가이드

1판1쇄 펴냄 2024년 9월 6일

지은이 유승혜(돼지보스)

펴낸이 김경태 | **편집** 조현주 홍경화 강가연
디자인 박정영 김재현 | **마케팅** 김진겸 유진선 강주영
펴낸곳 (주)출판사 클
출판등록 2012년 1월 5일 제311-2012-02호
주소 03385 서울시 은평구 연서로26길 25-6
전화 070-4176-4680 | 팩스 02-354-4680 | 이메일 bookkl@bookkl.com

사진 출처 148쪽 태국정부관광청

ISBN 979-11-92512-94-5 13980

CHIANG MAI

좀
쉬었다
올게요

치앙마이
한 달 살기
가이드

유승혜(돼지보스) 지음

목차

프롤로그 6

1부 출발 전부터 도착까지, 치앙마이의 매력 알아보기

왜 한 달 살기 여행지로 인기 있을까? 10

치앙마이 한눈에 보기 14
키워드로 보는 치앙마이 / 숫자로 보는 치앙마이 / 달력으로 보는 치앙마이 /
구역으로 보는 치앙마이

출발 전, 체크리스트 22
정보 수집 / 예산 확보 / 여권 체크 / 항공권 구매 / 숙소 알아보기 / 환전과 결제 /
물건 리스트 작성 / 여행자보험 가입 / 필수 앱 깔기 / 계획 짜기

[특집] 누구나 할 수 있다! 현지에서 숙소 구하기 33
[인터뷰] 집 구하기 경험담 35

치앙마이에 도착했다면 45
입국 절차 / 공항에서 치앙마이 시내로 들어가기 / 대중교통 알아두기 /
직접 운전하고 싶다면 / 통신 알아두기 / 치앙마이에서 주의할 점

[특집] 치앙마이에서 아플 때 53

치앙마이에 90일 이상 장기거주한다면 54
[인터뷰] 치앙마이에서 살아본 소감 58

2부 한 달 살기, 오늘은 뭐 하지?

각기 다른 120가지 매력, 사원 62
다양한 난이도의 트레킹 코스, 산 76
아침부터 밤까지 다양한 테마, 시장 86
치앙마이의 과거와 현재, 박물관 94
쾌적하고 편하게, 쇼핑몰 102
부담 없는 배움의 즐거움, 클래스 106
오롯이 내게 집중하는 시간, 요가 112

1일 1마사지는 기본, 마사지 114
색다른 경험을 하고 싶다면, 공연·경기 118
음악과 함께하는 즐거운 시간, 라이브바 124
뜨겁게 밤을 불태우고 싶다면, 클럽 128
구석구석 느긋하게, 산책 130
때로는 조용하고 차분하게, 도서관 136
한적하게 캠퍼스 구경, 치앙마이대학교 140
더운 날씨엔 최고의 취미, 수영 144
의외의 힐링 코스, 온천 146
골퍼들의 천국, 골프 148
평일과는 전혀 다른 매력, 주말시장 152
　　　[특집] 알고 가면 좋은 태국 예절 158

3부 장기여행자만의 특권, 근교 여행

반나절 소풍가기 좋은 근교 명소
반깡왓 161 / 람푼 164 / 위앙꿈깜 170 / 항동 174 / 산깜팽 179

초록초록 일일 폭포 투어
매깜뽕 183 / 매림 187 / 매땡 192

제2의 치앙마이에서 2박 3일
치앙다오 197 / 람빵 204 / 빠이 212 / 치앙라이 222

4부 치앙마이의 다채로운 음식

치앙마이에서 뭘 먹을까? 232
태국 음식 BEST 20 / 태국 북부지역 음식 BEST 7 / 태국 길거리 간식 BEST 8

태국 국수 마스터하기 245
태국 국수, 어떤 게 있나 / 면의 종류 / 고명의 종류 / 국수 주문하는 법

치앙마이 맛집, 어디로 가야 할까? 구역별 엄선 맛집
태국 식당, 알고 가면 좋다 253 / 님만해민 257 / 올드시티 & 나이트 바자 265 /
산띠탐 & 왓 쳇욧 274 / 랑모 & 반깡왓 281 / 나모(치앙마이대학교 정문) 285
　　　[특집] 초보 여행자를 위한 식사 꿀팁 255

　　　[특집] 어린이를 위한 치앙마이 한 달 살기 288

프롤로그

여행에 정답은 없다. 얼마나 머물고 어떻게 돌아볼지는 개인의 취향과 사정에 달렸다. 그런데 언젠가부터 한곳에 오랫동안 머무는 형태의 여행 방식을 선호하는 사람들이 늘어났다. '한 달 살기'라는 단어가 장기여행의 또 다른 고유명사가 되었고 한 도시에만 머문다는 전제 아래 보름, 일주일 여행도 '보름 살기' '일주일 살기'로 부르곤 한다.

여행하겠다고 시간과 돈을 들여 거주지를 벗어났는데 굳이 또 정주하는 이유는 뭘까? 낯선 장소에서도 두려움과 서두름 없이, 일상인 듯 편안하게 오롯이 여행이 주는 설렘만 느끼고 싶어서일 것이다. 많은 이들이 일상인 듯 여행하고 여행인 듯 일상을 살며 새로운 도시에 시나브로 젖어드는 '한 달 살기'를 꿈꾼다.

나는 인생 첫 '한 달 살기'의 도시로 치앙마이만큼 진입장벽이 낮은 도시는 없다고 확신한다. 그렇지만 단기여행이 아닌 장기여행이기 때문에 '준비 없는 한 달 살기'는 자칫 '한 달 살기 절망편'으로 이어질 수 있다. 막막하면 조급해지고, 조급하면 실수와 실망을 낳는다. 두려움과 서두름 없는, 일상 같은 여행을 실현하려면 어느 정도의 준비는 필수다.

이 책이 치앙마이 한 달 살기를 도와줄 것이다. 이 책은 치앙마이 한 달 살기를 원하는 이들이 던진 무수한 질문과 걱정에 대한 답이다. 치앙마이를 전혀 모르는 사람들, 한 달 살기를 계획 중인 사람들, 여행 준비는 했지만 왠지 막막한 기분이 드는 사람들의 다양한 궁금증을 바탕으로 내용을 구성했다. 치앙마이에 가기 전 알아야 할 기본적이고 필수적인 정보들, 준비해야 할 사항들을 체계적으로 소개했고 치앙마이에서 할 만한 다채로운 경험을 분야별로 나누어 제안했다. 집을 구하는 노하우부터 구역별 특징, 두 달을 머물러도 지루하지 않을 만한 볼거리, 배울거리를 비롯해 치앙마이 도심만큼 매력적인 근교 여행지, 꼭 먹어야 할 음식들과 치앙마이에서만 가볼 수 있는 맛집에 이르기까지, 이 책 한 권만으로도 치앙마이 한 달 살기가 가능하도록 꼼꼼하고 자세하게 안내했다. 이미 '살다 온' 사람들의 소중한 경험담과 직접 발로 뛰며 치앙마이를 쏘다녔던 내 오랜 시간들이 이 모든 내용의 토대가 되었다.

해외에서 반짝이는 청춘의 한 시절을 보내고 싶은 20대, 모처럼 긴 휴가를 얻은 30~50대 직장인, 자녀에게 특별한 추억을 만들어주고 싶은 학부모, 은퇴 후 장기여행을 꿈꾸는 60대 이상 어른들까지 모두 이 책의 독자가 될 수 있다. 여유롭고 다정한 도시 치앙마이는 우리 모두를 환영한다.

1부

출발 전부터 도착까지, 치앙마이의 매력 알아보기

왜 한 달 살기 여행지로 인기 있을까?

∨ 저렴한 물가
우리 돈으로 약 4,000원에 해당하는 100밧이 우리나라의 체감물가로 1만 원쯤 한다고 생각하면 편하다. 물론 여행자로서 현지인 수준의 소비는 어렵지만, 여행은 가성비가 최고라고 생각하는 이들에겐 꿈의 여행지다.

> 생수 한 병(500ml) = 약 400원　　국수 한 그릇 = 약 2,000원
> 생과일주스 한 잔 = 약 1,000원　　아파트 한 달 렌트 = 20만 원부터

∨ 온화한 기후
성수기에 해당하는 11~2월의 날씨는 우리나라 초가을과 비슷하다. 아침저녁으로 선선하며 한낮의 볕은 뜨거워도 습하지 않아 쾌적하다. 태국 최북단에 있어 혹서기인 3~5월도 태국의 다른 지역과 비교하면 덜 뜨거운 편이다.

∨ 맛있는 음식
돼지고기, 소고기로 감칠맛 넘치는 육수를 자랑하는 쌀국수, 숯불에 구운 각종 고기와 찹쌀밥, 짭짤하고 달달한 볶음국수 '팟타이', 우리나라 무생채와 비슷한 파파야 무침 '쏨땀', 간장 양념에 볶은 다진 돼지고기 덮밥 '팟까프라우무삽'에 이르기까지 태국에는 참 맛있는 음식이 많다. 한식과도 은근히 비슷해서 잘 질리지 않는다.

∨ 친절한 사람들

대체로 온화하고 언성을 높이지 않는 태국인들은 도움이 필요한 사람을 보면 지나치지 않고 도와주는 경우가 많다. 치앙마이는 다른 관광도시와 비교해 여행자에게 바가지를 씌우거나 거스름돈을 덜 주는 등의 사기를 치는 일이 드물다. 또한 치앙마이 시내에서 필요한 소통은 대부분 영어로 가능하다. 물론 외곽으로 나가면 번역기가 필요하다.

∨ 비교적 좋은 치안

치앙마이는 외국인을 대상으로 한 절도, 강도, 폭행 등의 범죄율이 낮은 도시다. 시내라면 야간 외출도 괜찮다. 야시장이 발달해서 시장과 그 주변 번화가는 밤 10시 정도까지 환하고 사람들도 많다. 그러나 총기 휴대가 허용된 국가이기 때문에 만의 하나라도 현지인들과 시비나 언쟁을 벌이는 것은 좋지 않다. 또한 숙소 문단속을 하지 않고 외출했다가 귀중품을 도난당하는 일이 드물게 일어난다. 안전한 도시라고 해도 이방인이라면 늘 주의해야 함은 만고불변의 진리다.

∨ 여가활동 즐기기 좋은 환경

우수한 골프장이 많아 골프 여행으로 유명하며 치앙마이의 오래된 유황온천은 더운 나라 태국에서도 인기다. 요가, 태국어, 요리, 커피, 수영 등 배울 거리가 많으며, 저렴한 마사지숍이 지천에 있다.

∨ 당일치기 여행지와 도심 볼거리가 많은 도시

태국 북부의 중심도시인 만큼 근교 도시들로 여행 가기 수월하다. 치앙라이, 빠이, 람빵, 치앙다오 등은 2~3박 일정으로 다녀올 만한 중소도시다. 항동, 람푼, 매림, 매깜뽕 등은 당일치기 혹은 한나절 여행으로 갈 만하다.

∨ 발달한 도시 인프라

태국 제2의 도시로, 대형 쇼핑몰이 곳곳에 자리하며 편의점과 카페가 없는 골목이 드물다. 구하기 까다로운 물건이 드물고 생활에 불편함이 없다. 치앙마이국제공항을 비롯해 여러 개의 대형 버스터미널이 도시의 규모를 말해준다. 도시 내 이동뿐만 아니라 주변 국가로의 이동도 편리하다.

∨ 편리한 인터넷 환경

디지털 노마드의 도시라고 불릴 만큼 노트북 한 대면 어디서든 업무를 볼 수 있다. 치앙마이 내 웬만한 상업시설 내에서는 무료 와이파이가 있으며 인터넷 속도 역시 준수하다. 공유 사무실이나 스터디 카페도 시내 곳곳에 자리한다.

∨ 은퇴 후 거주지로 적당한 환경

저렴한 물가와 집세, 따뜻한 기후와 다양한 레저 환경 등으로 치앙마이에는 은퇴 후 거주를 계획하거나 세컨드하우스를 두고 장기휴가지로 자주 오가는 중장년층이 많다. 한 달 살기 등 장기체류를 통해 은퇴 후 거주지로 내게 알맞은 곳인지 경험해봐도 좋다(장기거주 관련 정보는 54쪽 참조).

∨ 느긋하고 여유로운 분위기

크고 작은 카페가 많고 차분한 현지인들의 기질 때문인지 치앙마이의 분위기는 '느릿느릿'하고 나른하다. 머리를 식히며 게으른 시간을 보내기엔 치앙마이만 한 도시가 없다. 도시의 편리함과 시골의 자연스러움이 잘 어우러진 곳이기도 해서 때론 일상처럼, 때론 여행처럼 머물 수 있다.

∨ 그 밖에…

고양이 집사, 커피 애호가, 맥주 애호가, 열대과일 마니아, 자전거 라이더, 예술가, 불교 신자, 취미를 개발하고 싶은 사람이라면 만족할 만한 도시다.

이런 점은 아쉬울지도

- 치앙마이에는 프랑스 에펠탑처럼 세계적인 랜드마크나 스위스 융프라우처럼 웅장한 자연 풍광은 없다. 시각적으로 강한 자극을 주는 볼거리를 기대한다면 실망할 수 있다. 사실 그렇기에 오래 머물면서 도시에 천천히 스며드는 여행이 어울리는 도시다.
- 번화가에선 자동차와 오토바이를 늘 조심하자. 운전자 중심의 교통 체계라서 보행자를 위한 보도, 횡단보도, 신호등이 드물기 때문이다. 태국은 차량 우측통행(좌 핸들)인 우리나라와 달리 차량 좌측통행(우 핸들)이라서 운전하거나 길을 건널 때 주의해야 한다.
- 여행 여부를 결정할 만큼 큰 문제는 아니지만 가끔 여행자들이 당혹해하는 부분이 길거리 개들이다. 골목길, 사원 진입로 등 한적한 곳에서 이따금 사나운 개들이 튀어나와 위협적으로 짖거나 드물게 사람을 물기도 한다. 호신용 스프레이, 우산, 호루라기 등이 도움이 된다.
- 배관 노후로 수질이 좋지 않다. 피부가 민감하다면 필터가 달린 샤워기 헤드를 구매해 설치하는 편을 추천한다.

치앙마이 한눈에 보기

키워드로 보는 치앙마이

∨ 태국 제2의 도시이자 북부 중심도시

태국에서 방콕 다음으로 큰 도시다. 중북부의 중심이자 미얀마, 라오스, 중국과 인접해 인도차이나반도의 중간 통로 역할도 한다. 치앙마이만의 독자적인 문화를 발전시켜왔기에 태국 안의 또 다른 태국, 혹은 '북방의 장미'로 불린다.

∨ 산 많고 물 많은 도시

내륙도시이며 크고 작은 산들에 둘러싸여 있다. 도심 어디서든 보이는 산 도이 수텝이 랜드마크다. 태국에서 가장 높은 산 도이 인타논은 치앙마이 시내에서 자동차로 1시간 거리에 있다. 산마다 고산족 마을이 있고 커피 농장도 많다. 또한 가볼 만한 폭포가 여럿 있다. 도시 서쪽을 드넓은 삥강 Ping River이 가로지른다.

∨ 예술가의 도시

치앙마이에는 예술가 커뮤니티가 많고 아예 예술인 마을이라 불리는 동네가 따로 있다. 방콕의 높은 임대료 탓에 작업실을 얻기 어려운 젊은 예술인들이 하나둘 치앙마이로 모여들면서 이제는 예술인의 도시로 불러도 될 정도로 그 수가 많아졌다. 치앙마이의 한 축을 담당하는 명문 치앙마이대학교에서 예술학부는 특히 더 유명하다.

∨ **오래된 도시**

치앙마이는 13세기 말부터 16세기 중반까지 란나 왕국의 수도였던 만큼 곳곳에 왕국의 흔적이 남아 있다. 올드시티는 정사각의 성곽과 해자로 둘러싸여 있고, 사원이 수도 없이 많은데, 불교 사원만 약 300곳이 있다.

숫자로 보는 치앙마이

6시간 우리나라에서 직항 비행편으로 갈 때 걸리는 시간이다.
2시간 시차. 서울이 오전 10시라면 치앙마이는 오전 8시다.
90일 무비자로 체류할 수 있는 기간이다.
26도 연평균기온. 4~5월 혹서기 한낮에는 40도를 웃돌고, 11~2월 오전에는 10도 이하로 떨어지기도 한다.
15만 명 치앙마이 시의 인구. 치앙마이 주로 영역을 넓히면 170만 명이다.
90% 불교 신자의 비율이다.

달력으로 보는 치앙마이

1월
여행하기 좋아요
1월 1일 새해,
1월 중순 보상 우산 축제

2월
미세먼지 많아요
2월 초순 치앙마이 꽃 축제,
음력 1월 보름
마카부차의 날(주류 판매 금지)

3월
미세먼지 많아요

4월
꽤 더워요
4월 6일 차끄리 왕조 기념일,
4월 13~15일 송끄란 축제(물 축제)

5월
상당히 더워요
5월 1일 노동절,
음력 4월 보름 비사카부차의 날
(주류 판매 금지)

6월
덥고 습해요

날씨

2월~3월: 주변 산간에서 산지와 밭을 태우는 화전火田이 본격화. 미세먼지 수치가 세계 최고 수준. 이때 치앙마이 여행은 추천하지 않는다. 가게 된다면 마스크 착용은 필수.

4~5월: 40도까지 치솟는 폭염. 낮의 야외 활동은 자제하고 물을 자주 마셔야 한다.

6~10월: 본격적인 우기. 하지만 잠시 소나기가 내리다가 그치는 경우가 많다. 항상 우산을 소지해야 한다. 11월부터는 점차 비가 잦아든다.

12~1월: 날씨가 청명하고 한낮에도 모자를 쓰면 야외 활동하기 좋다. 아침저녁으로 쌀쌀해서 카디건, 바람막이 점퍼가 유용. 한낮에 수영하기 조금 추울 수도.

7월
덥고 습해요
음력 6월 보름 아사나부차의 날,
아사나부차의 날 다음날 카오판사의 날,
7월 28일 라마 10세의 생일

8월
덥고 습해요
8월 12일 시리낏 여왕의 생일
(어머니의 날)

9월
덥고 습해요

10월
덥고 습해요
10월 13일 라마 9세의 서거일,
10월 23일 라마 5세의 서거일

11월
여행하기 좋아요
11월 중순 로이끄라통(풍등 축제)

12월
여행하기 좋아요
12월 5일 라마 9세의 생일
(아버지의 날),
12월 10일 제헌절

국경일 달력에 표기한 축제 외의 불교 관련, 왕실 관련 기념일들은 모두 국경일이다. 불교 관련 국경일에는 주류의 판매와 구매를 금지하고 유흥업소들은 영업하지 않는다. 또 사원마다 행사를 해서 입장이 제한될 수도 있고 특별한 행사를 볼 수도 있다. 국경일은 태국인들도 모두 쉬기 때문에 평소보다 도심의 교통체증이 심하고 번화가와 관광명소들이 매우 혼잡할 수 있다.

구역으로 보는 치앙마이

∨ 구역 내 이동은 도보, 구역 간 이동은 택시로

치앙마이 시내 서쪽 끝에 있는 치앙마이대학교에서 동쪽 끝에 있는 치앙마이역까지의 거리는 약 8km. 시내 규모가 크다고 할 순 없지만 구역 간 이동은 택시를 타는 편이 좋다. 인도와 자전거도로는 거의 없는 번잡한 도로 사정과 대체로 더운 날씨 때문이다. 시내 안에서 택시 요금은 평균 50~80밧, 원화로 2,000~3,000원이라 부담스러운 수준은 아니다. 구역 안에서 이동은 충분히 걸어서 돌아볼 만하다.

∨ 쇼핑몰과 세련된 가게가 모여 있는 님만해민 Nimmanhaemin

7층 규모인 대형 쇼핑센터 마야 라이프스타일 쇼핑센터(이하 마야몰)를 중심으로 다양한 식당과 카페, 마사지숍이 여러 갈래의 골목을 따라 이어져 있다. 광장이 있는 쇼핑센터 원님만도 여행자에게 인기 있는 장소다. 고층빌딩이나 고급스러운 매장이 늘어선 풍경은 아니고 소읍 번화가 느낌이다. 한국인, 중국인이 선호한다.

∨ 예스러운 느낌 물씬 나는 성벽 안 구도심, 올드시티 Old City

정사각 성벽 안팎으로 사원과 오래된 건물이 많다. 근처에 번듯한 쇼핑센터는 없어도 노천 시장이 상시 열리고 도시의 오래된 정취가 느껴진다. 주말에는 치앙마이 최대 노천 시장인 새터데이 나이트 마켓과 선데이 나이트 마켓이 열린다. 배낭여행객이 많고 특히 서양인이 선호하는 편.

∨ 현지인이 많이 사는 동네, 산띠탐 Santitham

님만해민과 올드시티에서 그리 멀지 않음에도 현지인 주거지역 느낌이 물씬 난다. 숙소 가격이 저렴한 편이라 장기여행자들이 많이 머무는 지역이기도 하다. 식당, 카페의 메뉴 단가도 싼 편이다. 비교적 조용하지만 낮에는 오토바이 소음, 밤에는 개 짖는 소리가 자주 들린다.

∨ 한가롭고 정적인 분위기, 왓 쳇욧 Wat Chet Yot

왓 쳇욧은 사원 이름이다. 이곳 주변을 왓 쳇욧 혹은 쳇욧이라 부른다. 번화가를 벗어난 현지인 주거지역인데 산띠탐보다 한가로운 편이다. '로컬 분위기'를 느끼기에 좋은 지역. 산책하기 좋은 골목길도 있지만 다소 외진 느낌이 있다. 곳곳에 정원이 딸린 식당과 카페가 있다.

∨ 치앙마이대학교 후문의 번화가, 랑모(랑머) Langmor

랑모는 태국어로 후문을 뜻한다. 치앙마이대학교 학생이 많이 오가는 만큼 식당과 카페가 모여 있다. 일몰 후부터 자정 가까운 시간까지 음식을 파는 랑모 야시장이 열린다. 치앙마이대학교 교정을 통해 나모(나머) Namor, 즉 정문으로 갈 수 있다. 반깡왓과도 가까운 편이다.

∨ 한적하고 자연과 가까운 분위기, 반깡왓 Baan Kang Wat

치앙마이대학교 후문과는 가깝지만 올드시티, 님만해민 등과는 3~4km 떨어져 있어 도시 변두리라 할 수 있다. 고즈넉한 사원 왓 우몽과 예술가 커뮤니티인 반깡왓이 주축이 되는 지역으로 자연과 가까운 느낌이다. 곳곳에 세련된 카페와 식당이 있고 주말에는 크고 작은 시장이 열린다.

∨ 밤이 화려한 나이트 바자 Night Bazaar 와 한적한 삥강 건너편

치앙마이에서 매일 열리는 야시장 중 가장 규모가 크고 화려한 곳이 바로 나이트 바자다. 올드시티 서쪽으로 흐르는 삥강과 가까운 나이트 바자 지역은 특급 호텔이 몇몇 자리하며 강가를 따라 고급 레스토랑과 라이브바도 여러 곳이다. 치앙마이의 '남대문시장'이라 할 수 있는 와로롯 시장도 있다. 시내에서 삥강을 건너면 비교적 한산한 주택가가 이어지는데 골목 곳곳에 개성 있는 카페와 리조트, 호텔들이 자리한다.

출발 전, 체크리스트

☐ 정보 수집: _____

☐ 예산 확보: _____

☐ 여권 체크: _____

☐ 항공권 구매: _____

☐ 숙소 알아보기: _____

☐ 환전과 결제: _____

☐ 물건 리스트 작성: _____

☐ 여행자보험 가입: _____

☐ 필수 앱 깔기: _____

☐ 계획 짜기: _____

정보 수집

온라인 커뮤니티 '아이러브 태국'은 치앙마이 한 달 살기와 관련한 가장 많은 질문과 답, 자료가 게시된 네이버 카페다. 궁금한 주제를 카페 내 검색창에 두드리면 그간 올라온 게시물들을 둘러볼 수 있다. 국내에서 가장 오래된 태국여행 온라인 커뮤니티인 '태사랑'도 있다. 이곳에서도 치앙마이 정보를 얻을 수 있다. 생생한 영상이 보고 싶다면 유튜브에 '치앙마이' 혹은 '치앙마이 한 달 살기'를 검색해보자.

- 아이러브 태국 cafe.naver.com/lovelovecm
- 태사랑 thailove.net

예산 확보

1인 최소 200만 원은 잡아야 좋다. 항공편은 경유 혹은 특가 항공을 이용하고 시세 대비 저렴한 방을 빌리며 현지인들이 많이 찾는 저렴한 식당을 주로 간다면 크게 줄일 수 있다.

 침대, 옷장 등 최소한의 가구가 있는 콘도가 월 20~40만 원 선이며 주방이 있고 인테리어가 깔끔한 콘도는 월 40~80만 원에 형성되어 있다. 호텔의 경우 수영장이 없고 간단한 조식을 제공하는 깔끔한 중급호텔 하루 3~6만 원이다. 수영장, 헬스장 등 부대시설이 다양하고 조식을 뷔페식으로 제공하는 고급호텔이 하루 5~10만 원 선. 어디까지나 평균가이고 위치에 따라 가격과 조건은 달라진다. 식비, 교통비 등을 포함한 하루 생활비는 1인 기준 5만 원 정도로 잡으면 넉넉하다.

 날씨에 따라 성수기, 비수기가 있어 항공료와 숙소비도 달라지니 고려하여 예산을 짜되, 여유를 두고 준비하자.

여권 체크

태국은 무비자로 90일간 체류할 수 있다. 단, 여권 유효 기간은 태국에 입국하는 날로부터 6개월 이상 남아 있어야 한다. 90일보다 더 머무르고 싶을 때 취득해야 할 비자는 54쪽을 참고하자.

항공권 구매

∨ 항공권 비교 사이트나 앱에서 검색한다

전 세계 항공권의 가격을 비교해주는 대표적인 사이트로 스카이스캐너 Skyscanner가 있다. 원하는 출발지와 목적지, 날짜를 입력하면 해당 조건에 맞춘 항공권을 보여준다. 원하는 항공권을 클릭하면 해당 항공권을 예약할 수 있는 사이트로 이동한다. 그 밖에 네이버 항공권, 트립닷컴Trip.com, 카약 KAYAK 등이 비슷한 형태의 항공권 서비스를 제공한다. 모두 인터넷 사이트와 앱 이용이 가능하다. 편도 항공권만 끊을 경우 운이 나쁘면 입국심사관이 입국을 거부할 수도 있다. 출국 날짜를 추후 변경하더라도 태국을 나가는 항공편을 끊어놓는 편이 안전하다.

∨ 저렴하게 가는 방법은 경유 저가항공편

가장 많이 이용하는 건 아무래도 국내 항공사 직항편이다. 시간에 구애받지 않는다면 가장 저렴한 비행편은 중국이나 태국 방콕을 경유하는 저가항공이다. 그러나 대부분 저가항공의 탑승 운임은 위탁수화물(화물칸에 부치는 짐) 서비스를 유료로 운영하거나 15kg이 초과하면 추가 운임을 받고 있다. 항공사마다 차이는 있지만 대체로 동남아 지역 항공권은 출발일 기준 3개월 전에 사는 것이 가장 저렴하다(단, 4월 송끄란 축제 기간과 11월 로이끄라통 축제 기간은 예외).

숙소 알아보기

∨ 본격적으로 알아보기 전에

한 달 살기 준비에서 가장 중요한 것은 숙소 구하기다. 대책 없이 들릴 수 있겠지만 현지에 가서 구해도 다 구해진다. 그만큼 여행자를 위한 집과 방이 넉넉하다. 부동산 중개인 한 명만 만나도 빈방을 줄줄이 보여줄 것이며 길 가다 마음에 드는 숙소가 있으면 불쑥 들어가 관리소에 빈방 유무를 물어보고 바로 계약할 수도 있으니 너무 걱정하지 말자.

숙소 형태와 부대시설

콘도Condo

한 달 살기로 머무는 여행자들이 택하는 가장 일반적인 집이다. 우리나라에서 아파트로 불리는 건물을 포함해서, 10층 이상인 고층건물부터 3~5층 빌라 건물까지 모두 콘도라고 한다. 집은 개인이 소유하고 주차장, 헬스장, 수영장 등 부대시설은 공동으로 이용하며 관리비를 낸다. 신축 콘도는 보안이 잘되어 있고 고급스러운 인테리어와 다양한 부대시설을 갖춘 곳이 많다. 다만 치앙마이 내 대부분의 콘도가 내구성 있는 내장재를 쓰지 않아 단열과 소음에 취약하다.

무반 Moo Baan / muban

일반 주택, 주로 독채를 의미한다. 크게 단독주택과 연립주택(타운하우스)으로 나뉜다. 당연히 집마다 상태가 제각각이며 집을 넓게 쓰고 마당이 있는 대신 보안에 취약하다는 단점이 있다. 가족 단위로 3개월 이상 장기간 치앙마이에 머무는 이들이 주로 빌린다.

> **호텔에서 한 달 살기는 어떨까?**
>
> 신축 호텔은 님만해민에, 대형 특급호텔은 나이트 바자와 삥강 부근에 모여 있다. 중급호텔(3성급) 이상은 매일 객실 청소를 해주고 수영장, 헬스장, 카페 등 부대시설 이용할 수 있으며 식사까지 편리하게 해결할 수 있는 장점이 있다. 호텔 숙박비용도 우리나라와 비교하면 시설 대비 저렴한 편이다. 한 달이든 보름이든 일정에 맞춰 객실만 있다면 '치앙마이 호텔 살기'도 괜찮은 선택이다. 가격은 천차만별이지만 1~2성급 호텔 2인실은 1박 2만 원에도 구할 수 있으며 1박 예산을 5~7만 원 선으로 잡는다면 1박 2인실 기준 조식을 제공하고 수영장 이용도 가능한 호텔이 수두룩하다. 인터컨티넨탈, 샹그릴라, 메리어트 등 대형 특급호텔은 1박 2인실 기준 20~30만 원 선이며 치앙마이 시내 최고급 호텔로 꼽히는 아난타라 치앙마이 리조트는 50만 원 선이다.

방 구분

크게 스튜디오Studio, 1베드룸, 2베드룸, 3베드룸으로 나뉜다. 스튜디오는 원룸에 해당하고 1베드룸은 거실과 한 개의 침실이 분리된 형태다.

구역별 특성

구역별 특성을 알면 숙소 고르기가 조금 더 편하다. 구역별로 분위기가 다르고 머무는 데 있어 장단점이 뚜렷하기 때문이다. 우리나라 사람들의 숙소 선호도는 님만해민, 산띠땀, 랑모 지역이 다른 지역보다 월등히 높다.

님만해민
관리가 잘 이루어지는 깨끗하고 세련된 아파트형 콘도와 리조트형 콘도가 많다. 가격은 다른 지역보다 비싼 편이다. 식당이나 쇼핑몰까지 쉽게 걸어갈 수 있지만, 비행기 소음이 단점으로 꼽힌다.

> 인기 숙소 **PT 레지던스**PT Residence, **더 님마나**The Nimmana, **시리 콘도미니엄**The Siri Condominium, **부치따 님만**Buchita Nimman, **촘도이 콘도텔**Chom Doi Condotel, **그린힐 플레이스**Green Hill Place, **분야마스 맨션**Boonyamas Mansion, **더블트리 레지던스**Double Tree Residence

올드시티
오래된 2~3층짜리 숙소가 많다. 저렴한 게스트하우스도 매우 많은데, 여러 명이 쓰는 도미토리룸을 보증금 없이 20만 원 이하로 한 달간 쓸 수도 있다. 숙소에 따라선 새 단장을 거쳐 깔끔하고 아기자기한 곳도 꽤 있다.

> 인기 숙소 **반 플로이 인**Baan Ploy-in, **란나 헤이븐 호텔**Lanna Haven Hotel, **통란스 하우스**Thongran's House, **빌라 타이 오키드**Villa Thai Orchid

나이트 바자와 삥강
고급 호텔과 리조트가 많은 나이트 바자와 삥강 주변에도 장기 숙박객을 위한 콘도가 몇 곳 있다. 다만 중심 상권까지의 도보 접근성은 살짝 떨어진다.

> 인기 숙소 **나이트 바자 콘도텔**Night Bazaar Condotel, **아스트라 콘도**Astra Condo, **아스트라 스카이 리버**The Astra Sky River, **지라 부티크 레지던스**Jira Boutique Residence

문야마스 맨션

반 플로이 인

나이트 바자 콘도텔

디콘도 캠퍼스

디콘도 사인

아스트라 콘도

드비앙 산띠담

니바스 치앙마이

산띠탐

오래된 건물이 많고, 정원과 수영장이 딸린 5층 이상 콘도도 드문드문 자리한다. 최근에는 신축 콘도도 꽤 보인다. 님만해민보다 저렴한 곳이 많다. 다만 주요 관광지와 상업 시설까지 걸어가기에는 멀어서 매번 교통수단을 이용해야 하는 게 불편할 수 있다.

> [인기 숙소] **드비앙 산띠탐** D Vieng Santitham, **안찬 2 아파트먼트** Anchan 2 Apartment, **오피움 치앙마이** The Opium Chiang Mai, **뷰도이 맨션** View Doi Mansion, **더51홈텔** The51Hometel, **놉파까오 플레이스 호텔** Noppakao Place

왓 쳇욧

구글맵에 나오지 않는 곳이 많으니 직접 가서 둘러보는 편이 좋다. 아주 낡은 곳이 있는 반면 최신식 시설을 자랑하는 숙소도 있다. 가격은 산띠탐과 비슷하거나 조금 높은 편이다. 다른 지역 대비 조용한 편이지만 님만해민과 마찬가지로 비행기 소음에서 벗어나지 못한다.

> [인기 숙소] **니바스 치앙마이** Nivas Chiangmai, **그리너리 랜드마크** The greenery landmark, **수카셈 레지던스** Sukhasem Residence, **레시던스 SG** Residence SG, **카니스 플레이스** Kanith Place

랑모

학생들이 거주하는 동네이므로 일부 리조트형 콘도를 제외하고 저렴한 편이다. 치앙마이대학교 후문에서 20분쯤 걸어야 하는 왓 수안독(사원) 지역까지 랑모 일대로 본다. 왓 수안독 지역에도 좋은 숙소가 많은 편인데 비행기 소음이 심한 편이다.

> [인기 숙소] **디콘도 캠퍼스** Dcondo Campus, **턱미인** TUCK Me iN, **포어클락 호텔** Four O'clock Hotel

반깡왓

콘도형 숙소가 곳곳에 자리하며 단독주택 내 개인실을 빌려주는 곳도 많다. 가격은 가장 저렴한 편이다. 번화가에서 꽤 떨어져 있어서인지 시설 대비 가격대가 높지 않다. 신축 콘도가 많이 들어서는 추세다.

> 인기 숙소 **우마 하우스**Uma House, **더 패션 호텔**The Passion Hotel, **리즈 프라이빗 레지던스**Reiz Private Residence

외곽(센트럴 페스티벌 주변)

삥강 건너 북동쪽에 있는 대형 쇼핑센터 센트럴 페스티벌과 치앙마이 버스터미널 주변, 빅시Big C 마트 주변으로 꽤 많은 콘도가 있다.

> 인기 숙소 **디콘도 삥, 디콘도 님, 디콘도 사인**Dcondo Ping, Dcondo Nim, Dcondo Sign, **에센트 빌**Escent Ville, **더 트레저 콘도미니엄**The Treasure Condominium, **마이 힙 콘도 2**My Hip Condo 2

숙소 구하기

∨ 내가 원하는 숙소 타입 추리기

숙소를 구하기에 앞서 내가 원하는 지역과 숙소 타입을 추린다. 고르는 기준은 크게 아래와 같다. 앞서 소개한 구역별 특징과 인기 숙소를 참고하자.

내가 선호하는 지역

님만해민 ☐   올드시티 ☐   나이트 바자와 삥강 ☐   산띠탐 ☐
왓 쳇욧 ☐   랑모 ☐   반깡왓 ☐   외곽 ☐

객실 타입

스튜디오 ☐   1베드룸 ☐   2베드룸 ☐   3베드룸 이상 ☐

수영장
있어야 함 ☐ 필요 없음 ☐

전자레인지, 쿡탑(인덕션, 하이라이트)
있어야 함 ☐ 필요 없음 ☐

∨ 숙소 예약하기

숙소를 구하는 방법은 크게 두 가지다. 첫번째는 한국에서 예약을 모두 마치고 가는 것, 두번째는 현지에서 발품을 파는 것이다.

한국에서 예약하기

에어비앤비airbnb, 부킹닷컴Booking.com, 아고다agoda 등 숙박 앱을 이용해 숙소를 예약한다. 에어비앤비를 통해 예약하면 일주일 이상, 한 달 이상 장기 숙박 시 할인 혜택을 받을 수 있다. 다만 에어비앤비는 개인이 집을 빌려주는 경우가 많아서 전문 숙박업체 같은 서비스를 기대해선 안 된다.

장점
- 현지에 가서 방을 구하는 수고로움이 없다.
- 보통은 관리비를 따로 내지 않기 때문에 전기세, 수도세 부담이 없다(간혹 따로 청구하는 집주인들이 있으므로 사전에 확인하자).
- 보증금을 낼 필요가 없다.

단점
- 직접 보고 계약한 집이 아니니 앱에서 제공한 정보와 실제가 다를 수 있다.
- 대체로 현지에서 직접 구하는 가격보다 30% 이상 비싸다.

현지에서 예약하기

숙소에 직접 방문해 숙소 게시판, 관리인을 통해 빈방을 확인하거나 사전에 이메일로 숙소 관리인이나 집주인과 약속을 잡은 후 현지에서 방을 둘러본다. 현지 부동산업체를 끼고 여러 곳을 돌아볼 수도 있지만 대개는 한국인이 많이 찾는 숙소들을 직접 찾아가 관리인이나 집주인과 접촉한다.

장점
- 직접 눈으로 보고 계약하므로 원하는 조건에 부합하는 방을 고를 수 있다.
- 온라인 예약보다 저렴하게 계약할 수 있다.

단점
- 현지에 도착 후 최소 2~3일은 방을 구하기 위해 돌아다녀야 한다.
- 보증금이 월세와 같아서 다소 부담스럽고, 귀국 날짜가 임박해 태국 돈으로 돌려받기 때문에 처리를 고민하게 된다.
- 공과금이 추가로 발생한다.

누구나 할 수 있다!
현지에서 숙소 구하기

1. 출발 전 현지 부동산 사이트, '아이러브 태국'과 같은 네이버 카페, 구글 맵을 활용하여 원하는 숙소를 최소 5곳 추려놓는다.

2. 발품을 팔아 방을 구하는 데는 최소 2~3일이 걸리므로, 이때 머물 숙소를 예약한다. 호텔스컴바인HotelsCombined, 아고다 같은 호텔 예약 앱을 활용하면 된다.

3. 추려둔 숙소의 관리인이나 집주인의 연락처를 안다면, 미리 메일이나 라인으로 연락하고, 약속을 잡은 뒤 만나 실물을 확인한다.

4. 지나가다 마음에 드는 숙소가 보이면 주저 없이 문을 두드리자. 즉흥적으로 돌아보는 숙소 중에서도 괜찮은 조건의 방이 있을 수 있다.

5. 도움이 필요할 것 같다면, 부동산을 통하는 것이 좋다. 태국에서는 중개비를 집주인이 지불하고 임차인은 내지 않기 때문에 부담이 없다. 구글 맵에 'Chiang Mai properties' 'Chiang Mai real estate'를 검색하면 부동산 사무실이 여러 개 표시된다.

6. 영어가 부담스럽고 외국인을 상대하기 두렵다면, '아이러브 태국' 카페에 '한국인 부동산'을 검색해 한인 부동산업체에 중개를 부탁하면 된다.

7. 집을 둘러볼 때는, 집에 머무는 정확한 기간과 보증금(디파짓deposit), 공과금(전기세, 수도세, 관리비 등)을 꼼꼼하게 체크한다. 또한 침구 제공 여부, 냉장고와 전자레인지, 전기레인지, 세탁기, 조명 밝기, 샤워기 수압, 내부 기물의 파손 여부 등을 잘 확인해야 한다.

8. 계약서를 쓸 때는 보증금, 보증금을 돌려주는 조건, 관리비 납부 항목, 체크인과 체크아웃 날짜, 기물 파손 시 청구 비용 등 명시된 내용을 세세하게 확인한다. 아리송한 부분은 반드시 주인에게 물어보자.

공과금

크게 전기세, 수도세, 관리비(청소비)가 있다. 전기세는 유닛Unit이라는 단위로 매기는데 1유닛당 8~10밧으로 주방과 화장실이 딸린 1베드룸 기준으로 한 달 전기세가 평균 2,000밧 정도다. 에어컨을 많이 틀면 두 배까지 나올 수 있다. 수도세는 한 달 기준 100~200밧이다. 집마다 차이가 있지만, 공과금을 다 합쳐 우리 돈으로 10만 원이 넘는 경우는 드물다.

보증금

보통 월세와 같은 금액이거나 월세의 50~70%다. 공과금을 제외한 금액을 돌려받는다. 공과금이 오갔다는 증거를 남겨두고 사전에 계약서에 명시된 공과금 항목을 확실히 체크한다. 귀국할 때 태국 돈으로 돌려받은 보증금은 네이버 카페 등을 통해 현지 한국인 여행자들에게 팔 수 있다. ATM을 이용하면 수수료가 많이 들지만, 거래 수요가 많기 때문이다. 대신 신원을 잘 확인하고, 공개된 장소에서 거래하자.

인터뷰
집 구하기 경험담

이현호(43세, 산띠탐, 나 홀로)
'맨땅에 헤딩'하는 식으로 집을 구했다. 처음 일주일간 올드시티에 있는 게스트하우스에 묵으면서 직접 발로 걸어다니며 치앙마이를 알아갔다. 산띠탐이 다른 지역에 비해 숙소가 저렴하다는 얘길 듣고 처음부터 산띠탐 쪽을 중점적으로 알아봤다. 산띠탐 골목 산책을 한다고 생각하고 괜찮아 보이는 콘도가 있으면 불쑥 들어가서 방이 있냐고 물어보는 식이었다. 성수기임에도 대부분 빈방이 있었고 그중 한 달에 5천 밧, 그러니까 우리 돈으로 20만 원 정도의 콘도를 계약했다. 방은 조금 낡았지만 욕실도 깨끗했고 침대, 책상, 옷장 등 기본적인 가구도 갖춰져 있었다. 베갯잇, 침대 커버만 1만 원이 조금 안 되는 가격에 사서 새로 씌웠다. 최종적으로 수도세와 전기세까지 26만 원가량 들었다.

김영호(54세, 치앙마이 외곽, 나 홀로)
인터넷을 통해 집 정보를 알아보다가 네이버 카페 '아이러브 태국'에 누군가 자신이 머물던 치앙마이 외곽의 콘도를 보름간 양도한다는 게시물을 봤다. 원래 가격보다 저렴한 가격이었기 때문에 내가 머물겠다는 의사를 전해 인계받았다. 보름을 살다보니 꽤 괜찮은 숙소라고 느껴져서 한 달을 연장 계약했다. 우리 돈으로 약 50만 원의 월세를 냈고 보증금은 월세와 같은 가격이었다. 방 안에 세탁기가 있어서 따로 세탁소를 찾지 않는 점이 좋았고 전자레인지와 전기레인지도 갖추고 있어 간단한 음식을 데워먹기 편했다. 주변에 대형 마트가 있고 한국식당도 두 곳이나 있어서 좋았다. 자동차를 렌트했기 때문에 내가 종종 찾는 골프장이나 산깜팽 온천, 도심 번화가 등을 다니는 데에는 큰 문제가 없었다.

임주연(38세, 랑모, 남편과 아이와)

물놀이를 좋아하는 아이를 위해 수영장이 있는 리조트형 콘도를 원했다. 유튜브와 구글 검색 통해 수영장이 있는 콘도 리스트를 추렸고 그중에서도 내부 시설이 깔끔하고 보안이 잘된 곳을 골랐다. 처음 2박은 님만해민에 있는 호텔에 머물렀으며 사전에 1, 2, 3순위로 정했던 콘도들을 차례대로 방문했다. 다행히 2순위에 있었던 콘도에 괜찮은 방이 있어 바로 계약했다. 관리실에서 빈방을 직접 보여주기도 했지만 콘도 관리실 게시판에 부동산업체나 집주인 연락처가 붙어 있는 경우도 있어서 빈방을 둘러본 후 계약하기까지의 과정은 어렵지 않았다. 나중에야 비슷해 보이는 대형 콘도라도 임대전용 콘도와 개인 콘도로 나눠진다는 걸 알았다. 즉 관리실에서 방을 보여주는 콘도는 임대전용, 집주인과 따로 연락을 주고받아야 하는 콘도는 개인 콘도다. 한낮에는 더워서 숙소에 머물렀는데 수영장이 있어서인지 리조트에서 휴식하는 기분이라 지루하거나 시간이 아깝다는 생각은 들지 않았다. 우리 돈으로 60만 원의 월세를 냈고 보증금은 40만 원 정도였다. 에어컨을 많이 사용했던 까닭인지 추후 공과금을 평균보다 30% 더 나온 약 10만 원 냈다.

양진숙(62세, 님만해민, 남편과)

허리가 좋지 않아서 오래 걷지 못한다. 그래서 치앙마이에서도 번화가에 머무는 편을 선택했다. 올드시티와 님만해민 두 지역을 고민하다가 콘도가 훨씬 많은 님만해민으로 결정했다. 사전에 집을 구하는 것도, 현지에서 구하는 것도 막막해서 '아이러브 태국' 카페에 '한국인 부동산(하우스앤카)'을 검색해 한인 부동산업체에 중개를 맡겼다. 중개비가 조금 들었지만 직접 구하기 위해 호텔을 잡아놓고 발품 파는 비용을 생각하면 감수할 만했다. 치앙마이에 며칠 적응하고 나서야 나이 든 사람도 충분히 방을 구할 수 있겠구나 싶었다. 그래도 후회는 없다. 하루에 한 끼는 한식으로 먹는 게 좋을 것 같아서 주방이 있는 콘도를 구했다. 인덕션(전기레인지)과 전자레인지, 전기냄비가 갖춰져 있어서 음식을 해먹는 데 아무 문제가 없었다. 나중에는 쌀밥을 지어먹고 싶어서 대형마트에 가서 2인용 전기밥솥을 2만 원 정도에 구매해서 한 달 내내 썼다. 로컬 시장에서 이런저런 채소를 사고 슈퍼마켓에서 육류를 사다가 반찬을 해먹었다. 숙소에서 밥해먹는 재미가 있었다.

윤혜림(36세, 왓 쳇욧, 나 홀로)

이번 한 달 살기의 콘셉트는 온전한 휴식이었다. 여행 준비한다고 이것저것 신경 쓰기 싫어서 시세보다 조금 가격대가 높다는 점을 감안하고 에어비앤비로 왓 쳇욧에 있는 콘도를 한 달 예약했다. 손가락 하나로 몇 시간 만에 집을 선택하고 예약 결제까지 마쳤다. 처음에는 왓 쳇욧 지역이 어떤 곳인지도 잘 몰랐다. 님만해민과 가까우면서도 조용한 환경이라고 하길래 화이트 톤의 깔끔한 인테리어가 돋보이는 콘도를 예약했다. 창밖으로 작은 정원과 하늘이 보여서 더욱 마음에 들었다. 콘도는 5층의 작은 규모였지만 경비실도 있고 거주자만 드나들 수 있는 개폐식 현관이라 마음에 들었다. 다행히 호스트가 친절하게 방 안내를 해주었고 공과금이나 관리비도 방값에 모두 포함되어 있어서 따로 계산할 일이 없었다. 세탁기가 없는 것을 제외하고는 모든 게 만족스러웠다. 세탁실은 콘도 1층에 있었고 통돌이 세탁기에 동전을 넣고 사용했다. 30일 머무는 데 우리 돈으로 총 53만 원을 냈다. 다음에 또 온다면 님만해민, 올드시티, 나이트 바자, 반깡왓 등으로 지역을 나누어 일주일씩 머무르면 좋을 것 같다.

태국 현지 부동산 홈페이지

아래 홈페이지들은 태국 부동산 중개업체로 집 사진과 설명, 가격 등의 정보를 제공한다. 홈페이지 내에서 'Chiangmai'로 지역을 설정하면 Houses(단독주택), Condos(콘도) 등 집 형태에 따른 가격을 볼 수 있다. 홈페이지 내 연락처로 중개업자와 소통이 가능하고 단순히 시세를 알아보는 데도 도움이 된다.

www.monthlychiangmai.com
www.thailand-property.com
www.66property.com

부동산 간판

환전과 결제

환전

현금

• 우리나라에서 바로 환전

주거래은행에서 밧THB을 취급한다면 환율 우대를 받아 원화를 밧으로 환전한다. 태국에서의 결제수단이 과거보다 다양해져 현금 사용의 빈도가 대폭 줄어들었다. 따라서 요즘은 한 달 일정 기준 50만 원 이하의 소액만 환전하고 부족한 현금은 5만 원권 원화 환전이나 현금인출기 인출을 하는 추세다.

• 우리나라에서 달러 환전 후 태국에서 달러를 밧으로 환전

만약 여분의 달러를 소지하고 있다면 달러를 치앙마이 현지 환전소에서 밧으로 환전한다. 달러는 100달러 고액권의 환율이 높다. 원화 환전과 비교할 때 달러 환전이 조금 더 유리하지만, 소액 환전이라면 굳이 원화를 달러로, 다시 밧으로 이중환전을 할 필요는 없다.

• 태국에서 원화를 밧으로 환전

원화를 그대로 현지에 가져와 환전소에서 밧으로 환전한다. 이때 원화는 5만 원권이 유리하다.

> **태국 화폐**
>
> 밧Baht(THB)이라고 부르며, 실생활에서는 20~100밧이 가장 많이 쓰인다. 환율은 1밧당 37원(2024년 6월 기준)으로 100밧에 4,000원이라고 생각하면 계산이 편하다.

현지 현금인출기 ATM

대형 쇼핑몰, 편의점, 현지 은행 등 곳곳에 있는 ATM에서 신용카드나 체크카드로 현금을 찾을 수 있다. 은행에 따라 환율 차이가 있으며 수수료는 보통 220밧 이상이다.

우리은행, 하나은행에서 발급하는 ExK카드를 쓰면 ATM 출금 수수료를 절약할 수 있다. ExK카드는 국내 계좌 현금인출카드로 해외 ATM에서 기존의 국제 신용카드보다 저렴한 수수료로 현지 통화를 인출할 수 있게 하는 금융서비스다. 출금액이 미화 300달러 미만이면 수수료가 1,000원, 300달러 이상이면 500원이 붙는다.

결제

해외결제 특화 카드

비자 VISA, 마스터카드 Mastercard, 유니온페이 UnionPay 등과 제휴한 카드라면 어디에서든 쓸 수 있지만 결제 시 환전 수수료가 발생한다. 그런데 주요 카드사와 은행, 환전 앱 등에서 발급하는 해외결제 특화 신용카드를 이용하면 환전 수수료를 아낄 수 있다. 소위 '트래블카드'로 통칭되며 트래블로그(하나카드), SOL트래블(신한카드), 위비트래블(우리카드), 트래블러스(KB국민카드), NH트래블리(NH농협카드), 토스뱅크 체크카드, 트래블월렛(앱) 등이 있다. 카드 발급사에 따라 충전 한도, 결제 한도, 환전 수수료 면제 혹은 우대 혜택 등은 조금씩 다르다.

GLN 서비스

태국에서 가장 활성화되어 있는 결제 시스템이다. 핸드폰만 있으면 QR코드 스캔으로 결제할 수 있다. 현금 분실, 카드 도용 등의 걱정 없이 앱만 설치하고 가입해두면 돼서 간편하다. 우리나라에서는 하나은행과 토스에서 GLN 서비스를 운영한다.

일반 신용카드
비상용으로 준비할 필요는 있지만 일정 금액 이상만 받거나 수수료가 높고 불법 복제의 가능성이 있어 사용을 추천하지 않는다.

현금
예전보다 현금 결제율이 낮아졌지만, 소액 결제, 마사지 팁이 필요할 때, 다른 결제수단에 문제가 생겼을 때 비상용으로 필요하다.

물건 리스트 작성

가져가면 좋은 물건으로, 상비약(모기기피제와 벌레 물린 데 바르는 약은 태국 현지에서 구매 추천), 샤워기 필터와 헤드(석회질과 노후 상수도관으로 수질이 좋지 않음), 챙이 넓은 모자, 우산, 수영복, 물티슈, 수건, 3m 멀티탭(태국은 우리와 똑같은 220V 전압), 전기포트 혹은 라면포트, 손풍기(USB 충전식) 등이 있다.

여행자보험 가입

반드시 들자. 큰 사고가 일어날 가능성은 작지만 배탈이 나거나 심한 피부염이 생기는 일은 잦다. 상비약으로도 나아지지 않을 때가 많아 병원을 찾는 이들이 적지 않다. 도난 사고 역시 마찬가지. 이때 여행자보험에 가입되어 있어야 큰 금액을 지출하지 않을 수 있다. 여행자보험은 서두를 필요 없이 출국 전에만 가입해두면 된다. 삼성화재, 현대해상, AIG, MG손해보험, KB손해보험 등 대부분 보험사에서 여행자보험을 취급하며 각 보험사 앱과 전화 등으로 가입할 수 있다.

필수 앱 깔기

구글맵 Google Map

길 찾기뿐만 아니라 숙소, 식당, 카페, 관광명소 정보를 얻을 수 있다. 장소마다 사람들이 남긴 리뷰가 큰 도움이 된다. 관심 장소는 별이나 하트 모양으로 표시할 수 있다.

그랩 Grab, 볼트 Bolt, 맥심 maxim, 인드라이브 inDrive

일종의 '콜택시'로 출발지와 목적지를 입력한 후 기사 호출하기 버튼을 누르면 주변에 있는 기사들이 호출 신호를 받는다. 출발지와 목적지를 입력하면 바로 요금이 고지되기 때문에 요금 문제로 얼굴 붉힐 일이 벌어지지 않는다. 시내에서는 어느 앱이나 호출이 잘되는 편이지만 외곽을 나가면 안 될 때가 많아서 보통은 2개 이상 앱을 모두 다 내려받아 가입해두면 편하다.

푸드판다 Foodpanda

우리나라처럼 태국에서도 음식 배달 서비스를 받을 수 있다. 가장 많이 쓰이는 배달 앱은 푸드판다이며 주로 택시를 부르는 그랩 또한 음식 배달이 가능하다.

와그WAUG, 클룩klook, 케이케이데이KKday, 마이리얼트립myrealtrip

여행과 관련한 액티비티 예약 플랫폼 앱이다. 반나절, 하루 코스의 가이드 투어나 원데이 클래스를 예약하거나 관광명소의 할인 입장권 등을 구매할 때 유용하다.

구글번역 Google Translate

구글의 번역기 앱으로 텍스트, 음성, 이미지 두루 번역을 지원해 편리하다. 특히 번역 앱의 렌즈 기능은 메뉴판이나 간판 등을 읽을 때 유용하다.

파파고 Papago

네이버에서 출시한 번역기 앱으로 태국어를 지원한다. 완벽하진 않지만 의사는 전달할 수 있어 유용하게 쓸 수 있다. 영어는 태국어보다 정확하게 번역되는 편이다.

라인 LINE

태국인들은 메신저 앱으로 라인을 많이 쓰므로 예약 등 현지인과 소통할 때 편하다.

해외안전여행

외교통상부에서 운영하는 앱이다. 분실, 도난, 길 잃음, 교통사고, 체포구금, 자연재해 등 해외여행 시 사건 사고가 발생했을 때 대처 요령을 알려준다. 또한 출입국신고서 작성법, 택스 환급과 시차 적응 요령 등 해외여행에 유용한 팁들을 제공한다.

그 밖에 추천하는 앱

에어비앤비, 호텔스컴바인, 스카이스캐너, 트래블월렛, 토스, 그리고 거래 은행 앱 등이 유용하다.

계획 짜기

한 달 살이라면 여유롭게 쉬고 간다는 생각으로 현지 생활에 천천히 스며보길 바란다. 한 달이면 도심과 주변 볼거리는 충분히 둘러볼 수 있으며 부지런히 움직이면 북부 도시 한 곳 이상을 여행할 수도 있다. **꼭 해야 할 것, 꼭 봐야 할 것은 없다. 다만 무엇을 해야 할지 모르는 이들에게 추천할 수 있는 대표 명소가 있을 뿐이다. '내 마음대로' 하자.**

이 책의 2부에서 소개하는 여러 테마를 참고해 일정을 짜보자.

치앙마이에 도착했다면

입국 절차

> 출입국신고서 작성 — 입국심사 — 짐 찾기 — 세관 신고

반입 인정 범위

1. 술: 1리터 이하 1병
2. 담배: 궐련형 200개피(1보루), 연엽초는 250g까지, 전자담배 금지
3. 미화: 2만 달러 이하
4. 면세품: 1인당 2만 밧(한화 75만 원 상당)
5. 의약품 및 식품: 일반적으로 30일 치 이내
6. 화장품: 품목당 6개까지

공항에서 치앙마이 시내로 들어가기

공항택시

가장 편리하다. 랑모나 님만해민처럼 공항에서 가까운 곳은 150밧을 받고 먼 거리를 이동할 때는 요금이 추가된다. 늦은 밤과 새벽에도 운행한다.

차량 공유 서비스

만약 그랩, 볼트, 맥심 앱을 다운로드 후 가입 등록했다면 앱을 이용해 택시를 공항으로 호출해도 좋다.

RTC 버스

시내와 공항을 오가는 순환버스로 50밧이며 GLN 스캔 결제도 가능하다. 입국 후엔 짐이 많고 지리도 낯설기 때문에 추천하지 않는다.

대중교통 알아두기

차량 공유 서비스(콜택시)

태국에서는 절대적인 교통수단이다. 앱으로 호출하고 차량 번호표로 호출 차량이 맞는지 확인한다. 그랩, 볼트, 맥심, 인드라이브 등이 있고 그랩보다 후자들이 저렴한 편. 2개 이상 앱을 받아두고 사용하자. 시내에서 타고 내릴 땐 평균 50~80밧 정도 든다.

송태우(썽태우)

트럭을 개조한 미니버스다. 대체로 빨간색이고 지역과 노선별로 간혹 흰색, 파란색, 노란색도 있다. 치앙마이에선 흰색은 보상과 산깜팽 방면, 하늘색은 람푼, 노란색은 항동, 매림 등으로 가는 송태우다. 목적지를 말하고 기사가 고개를 끄덕이면 뒤로 올라타면 된다. 시내 안을 움직일 때는 보통 30~50밧이다. 내릴 때는 천장의 벨을 누른다.

RTC 버스와 툭툭

RTC 버스는 치앙마이국제공항부터 치앙마이 시내(마야몰, 창푸악 버스터미널 등), 센트럴 페스티벌 등을 순환한다. 요금은 거리 상관없이 50밧이며 오전 8시부터 오후 9시까지 20분 간격으로 운행한다. 툭툭은 바가지요금을 받는 경우가 많다.

미니밴

사설 업체에서 운영하는 12인승 승합차로 근교나 1시간 이상 떨어진 북부 도시를 갈 때 이용한다. 빠이, 치앙라이, 치앙다오, 람빵 등에 갈 때 이용하면 편리하다. 45인승 시외버스보다는 비싸지만, 좌석은 좀 더 편하고 에어컨도 잘 나온다. 창푸악 버스터미널(치앙마이 버스터미널 1), 치앙마이 버스터미널 2,3, 와로롯 시장 앞에서 탑승한다. 요금은 탑승하는 곳 근처 업체 부스나 운전기사에게 직접 낸다.

시외버스

치앙마이와 태국 주요 도시를 잇는 시외버스는 목적지에 따라 창푸악 버스터미널(치앙마이 버스터미널 1), 치앙마이 버스터미널 2,3에서 탑승할 수 있다. 버스 컨디션은 천차만별이다. 선풍기만 돌아가는 오래되고 낡은 버스가 있는 반면에 에어컨이 있고 좌석이 깔끔한 최신 버스도 있다. 한국인의 이용 빈도가 높은 시외버스는 치앙마이 버스터미널 3에서 출발하는 치앙라이행 '그린버스Greenbus'다.

장시간 택시 대절

치앙마이 근교 도시나 도이 수텝 등 장거리 여행지를 가면 반나절에서 하루 정도 택시 대절이 필요할 수 있다. 여행 초반에 택시를 이용하며 기사에게 연락처를 받아두거나 '아이러브 태국' 카페에서 기사를 추천받는다.

직접 운전하고 싶다면

치앙마이는 대중교통수단으로 충분히 둘러볼 수 있다. 그러나 직접 운전해서 주변 도시까지 둘러보고 싶거나 외곽 골프장, 공원 등을 자주 드나들 예정이라면 차를 빌려보자. 단, 우리와 운전석 위치가 다르니 특히 유의해야 한다.

국제운전면허증 발급

국제운전면허증은 운전면허소지자에 한해 경찰서나 도로교통공단 운전면허시험장에 신청서 접수 후 발급받을 수 있다. 신청 시 운전면허증과 최근 6개월 이내에 촬영한 여권용 사진이 필요하다. 인터넷 발급은 불가능하다.

태국에서 운전면허증 발급

숙소를 1년 이상 계약해 거주지증명서(태국 이민국 발급)를 받을 수 있다면 태국 운전면허증을 발급받는 편이 편하다. 경찰 단속이나 공공시설 이용 때 신분증으로 사용하면 본인 증명이 간단하고 골프장 이용 등에도 혜택을 받을 수 있다. 거주지증명서, 국제운전면허증(혹은 한국운전면허 영문확인서), 여권 원본과 사본, 운전면허 발급용 건강증명서(태국 내 병원 발급)를 갖추고 주별로 있는 교통국을 방문하면 태국 운전면허증을 발급해준다.

자동차 대여

차종에 따라 다르지만 4인용 승용차 기준으로 1일 1,000~2,000밧 사이이며, 한 달을 빌린다면 할인받을 수 있다. 신형 승용차는 월 100만 원 선이며, 연식이 오래된 자동차라면 50만 원 선이다. 자동차 보험료는 하루 200~300밧 정도인데 차량 대여비에 포함되는 경우도 있고 불포함이라 따로 지불해야 하는 경우도 있다. 보험료가 포함되더라도 사고나 파손이 있을

시 자기부담금이 있을 수 있고 보험에서 보장되지 않는 사항도 있으니 미리 확인하자. 업체는 치앙마이국제공항 쪽에 많이 몰려 있고, 허츠Hertz, 에이에스에이피ASAP, 에이비스Avis 등이 있다. 구글맵에서 'car rental'이라고 검색하면 대부분 업체가 홈페이지에 차량과 가격을 소개하고 있다. 한국인이 운영하는 렌트카 업체로 씨엠 렌트카CM Car Center가 있다. 카톡 아이디(lkc0422)를 추가해 카톡으로 문의할 수 있다.

오토바이 대여

태국에서 오토바이를 운전하려면 국내에서 먼저 2종소형면허를 취득한 후 국제면허증을 발급받을 때 2종소형면허가 있음을 증명하는 'A'란에 도장이 찍혀 있어야 한다. 이외에는 아무리 국내 면허가 있어도 태국에서 인정하지 않는다. 또한 태국에서 오토바이 면허증을 취득하려면 비자를 동반한 '거주 자격'을 갖춰야 하므로 90일 무비자 여행자는 발급받을 수 없다. 오토바이 대여 업체에서는 여권만 보여줘도 쉽게 빌려주지만 태국 경찰의 단속에 걸리면 벌금을 물어야 한다. 오토바이 하루 대여료는 250밧 선이다.

통신 알아두기

유심USIM

일주일 이상 여행 시 현지 통신사에서 유심을 쓰는 편이 로밍이나 와이파이 단말기보다 훨씬 편리하고 저렴하다. 태국의 통신사로는 AIS, DTAC(디택), Truemove(트루무브) 등이 있고 치앙마이 곳곳에 대리점이 있다. 님만해민에 있는 마야몰 3층에 여러 통신사들이 있다. 보름, 한 달 단위의 데이터 상품이 저렴한데, 통신사 상품마다 차이는 있으나 한 달 기준 1만 원 내외

(150~300밧)다. 한국 유심은 귀국 후 다시 써야 하므로 잘 보관할 것. 한국에서 인터넷 쇼핑으로 태국 유심을 미리 구해둘 수도 있다.

이심 eSIM

모바일 기기에 내장되어 나오는 디지털 방식의 심카드다. 인터넷이나 매장에서 구매한 QR코드를 스캔해 활성화시킨다. SIM 관리자 설정을 통해 기존에 장착된 유심과 같이 쓸 수 있어서 태국에서도 한국에서 오는 연락을 받을 수 있다. 최신 모바일 기기는 대부분 이심이 지원되지만 구 기종은 지원이 되지 않을 수 있다. 가격은 유심보다 조금 비싼 편이다.

와이파이 단말기

인터넷 공유기로 흔히 포켓와이파이, 와이파이 도시락 등의 상품명으로 잘 알려져 있다. 단말기 한 대로 여러 명이 무제한 인터넷을 이용할 수 있지만 일주일 이상의 장기여행은 현지 유심을 사서 쓰는 편이 이득이다.

치앙마이에서 주의할 점

대마초

태국은 2022년부터 대마초 유통이 합법이다. 우리나라는 대마초 소지, 유통, 섭취 등의 행위가 불법이며 해외에서 대마초를 접했다 해도 속인주의에 의해 처벌받는다. 따라서 태국 여행 시 대마초는 각별히 주의해야 한다. 치앙마이에도 대마초를 취급하는 매장이 올드시티 일대에 여러 곳이며 피자, 음료 등에 넣어 판매하는 식당도 있다. 초록색 대마잎 간판을 외부에 걸어둔 매장은 방문을 금하고 호기심으로라도 대마초가 든 음식은 먹지 않는다. 음식 속 대마 성분은 1년 후에도 검출될 수 있다.

개 물림
떠돌이 개들을 쉽게 볼 수 있다. 주로 길바닥에 누워 자고 있거나 온순하게 어슬렁대는 경우가 많지만 간혹 사나운 개들이 있다. 특히 인적이 드문 골목, 조용한 사원 주변에서 사람을 보면 으르렁대고 달려든다. 개에게 등을 돌리고 빠르게 움직이거나 소리를 지르면 개를 자극할 수 있다. 등을 보이지 않은 채 이전과 같은 속도로 이동하는 것이 안전하다. 개에게 물렸다면 상처 부위를 씻고 소독한 뒤 병원을 찾아 광견병과 파상풍 주사를 맞아야 한다.

교통사고
태국은 보행자 중심으로 교통 체계가 잡혀 있지 않다. 횡단보호, 신호등이 적고 보도가 드물어 도로변을 아슬아슬하게 걸어야 하는 경우도 있다. 길을 건널 때, 길가를 걸을 때는 항상 달리는 차량, 오토바이를 주의해야 한다. 또한 치앙마이에서 가장 자주 일어나는 외국인 교통사고는 오토바이 사고다. 오토바이를 직접 운전해 시내, 근교 도시를 움직이는 외국인 여행자들이 많은데 태국 북부는 산악 도로가 많고 도로 정비가 되어 있지 않은 곳이 많아서 정말 조심해야 한다. 덧붙여 태국은 우리나라와 달리 차량 좌측통행이 원칙으로 태국에서 운전하면 헷갈릴 수 있다.

위급상황 시 비상 연락처
- 여권 분실

태국 주재 한국대사관(방콕 위치) +66-24-816-000, +66-81-914-5803

• 그 밖의 사건사고

24시 영사 콜센터 (해외) +82-2-3210-0404

관광경찰 1155 치앙마이 한인회 +66-53-405-176

치앙마이에서 아플 때

여행자보험
치앙마이 입국 전 여행자보험 가입은 선택이 아닌 필수다. 한 달 일정이면 비싸도 5만 원 정도다. 여행자보험이 없으면 막대한 진료비를 부담해야 한다.

약국
구글맵에서 'pharmacy(약국)'를 검색하면 거의 200~300m마다 약국이 보인다. 약국 간판에는 영어 pharmacy, 녹십자 표시, 의약품을 뜻하는 'ยา(야)'라는 글자가 쓰여 있다. 대부분 약사들과 영어 소통이 가능하다. 님만해민이나 올드시티 번화가의 약국들은 오전 7~8시에 문을 열고 오후 11시에서 자정까지 영업하는 곳들이 많다. 소화제, 해열제, 지사제, 멀미약, 감기약, 염증 및 가려움증에 바르는 연고 등 상비약을 쉽게 구할 수 있다. 한국보다 저렴하고 효과도 괜찮다는 후기가 많아 아예 태국에 도착해 약을 사는 사람들도 있다. 특히 타이레놀과 비판텐(피부염 연고)은 우리나라보다 훨씬 저렴하다.

병원
의사 진료가 필요한 상황이라면 님만해민과 올드시티 사이에 위치한 치앙마이 람 병원Chiangmai Ram hospital(+66-52-004-699)과 치앙마이역과 가까운 치앙마이 방콕 병원Bangkok Hospital Chiang Mai(+66-52-089-888)을 추천한다. 두 병원 모두 치앙마이를 대표하는 대형 종합병원이고 24시간 응급실을 운영하며 한국어 통역 서비스를 지원한다. 외래진료는 과마다 다른데 보통 아침 8시에 진료를 시작해 오후 5~8시에 마감한다. 예약 없이 진료가 가능하지만 환자가 많으면 1시간 이상 기다릴 수 있다. 병원을 갈 땐 여권을 꼭 가져가고, 진료 후 진단서와 영수증 등 보험금 청구에 필요한 서류를 챙겨둔다. 보통은 병원에서 알아서 챙겨주지만 통역사에게 부탁해 확실하게 받아두자.

치앙마이에 90일 이상 장기거주한다면

실제로 치앙마이에 여행을 왔다가 도시가 마음에 들어 아예 거주지를 치앙마이로 옮긴 한국인들이 있다. 치앙마이에서 사업이나 은퇴 후 삶을 꿈꾸는 이들이라면 태국에서의 장기체류를 하는 데 있어 반드시 알아야 할 기본 정보가 있다.

태국 영주권 취득은 매우 까다롭다

'이민' 하면 일단 영주권 혹은 시민권 취득을 먼저 생각할 것이다. 그러나 태국 영주권 취득은 매우 까다롭고 영주권 발급 자체가 굉장히 이례적이라고 할 만큼 드물다. 그래서 애당초 영주권 취득 자체를 시도하지 않는 사람들이 대부분이다.

영주권을 발급받으려면, 일단 영주권 신청에 앞서 최소 3년간의 비이민 비자Non-Immigrant Visa를 소지해야 한다. 취업비자Non-B, 가족동반비자Non-O가 이에 해당한다. 취득 구분은 크게 영업 목적, 태국인과 결혼한 경우, 수출업자, 유학생, 투자자, 영주권을 취득한 자의 가족, 정년퇴직자 등으로 나뉜다. 주요 조건들을 간추리면 다음 중 최소 하나가 충족되어야 한다.

1. 태국에 최소 1억 원 이상 투자했다. 2. 태국에서 취업했거나 사업을 하고 있다. 3. 태국인과 가족이거나 보호자로서의 연고가 있다 4. 이민국이 인정하는 전문 기술 및 학문 분야에서 일하고 있다. 5. 기타 이민국에서 지정한 범주에 속한다.

영주권 취득 후 10년을 유지하면 태국 시민권을 신청할 수 있다. 영주권은 한 국가당 1년에 최대 100명까지 발급받을 수 있다. 거의 복권 당첨 경쟁률이라고 할 만큼 어렵다.

따라서 장기체류를 위한 비자가 필요하다

영주권, 나아가 시민권 취득이 불가능에 가까우므로 결국 태국에서 장기체류하는 방법은 비자 발급밖에 없다. 결국 영구적인 이민이라기보다는 어디까지나 외국인으로서의 장기체류 내지는 제한적 이주로 봐야 할 것이다. 태국에서 외국인에게 발급하는 **모든 종류의 비자는 1년마다 갱신해야 하며 90일에 한 번씩 이민국 신고 절차를 거쳐야 한다.** 태국에서 장기체류하는 한국인들이 일반적으로 가장 많이 발급받는 비자는 다음과 같고 자세한 조건과 내용은 주한 태국대사관 홈페이지에서 확인할 수 있다. www.thaiembassy.org/seoul/ko/services

은퇴비자 Long Stay Visa (O-A)
만 50세 이상이어야 하며 은행 잔고가 80만 밧 또는 3,000만 원 이상이어야 한다. 연금 수령자의 경우 연금 수령액이 미화 2,500달러 이상이어야 한다. 태국에서 취업이 불가능하다.

교육비자 Education Visa (Non-ED)
크게 유학비자와 단기 교육비자(어학연수)가 있다. 유학비자는 태국 학교 발행 입학허가서 또는 재학증명서, 은행잔고증명서(잔고 3,000만 원 이상) 등이 필요하고 단기 교육비자는 태국에 있는 어학원 및 교육기관이 발생한 입학허가서 또는 재학증명서, 은행잔고증명서(1,500만 원 이상) 등이 필요하다. 따라서 학원 및 학교 등록 시 교육비자 발급 여부를 확인해야 한다.

가족동반비자 Guardian/Accompanying Visa (Non-O)
유학비자 가족동반비자, 취업자 가족동반비자, 태국 국적 동반비자(태국인이 배우자인 경우)가 이에 해당한다. 유학비자 가족동반비자는 아이를 국제학교에 입학시키면 부모가 받을 수 있는 비자로 1년간 체류할 수 있다. 단 자녀 1명당 보호자 1명만 비자 신청이 가능하다.

취업비자 Working Visa (Non-B)
노동부나 투자청 고용허가서, 태국 회사의 초청장, 태국 회사의 사업자등록증, 태국 회사의 등기부등본, 태국 회사의 고용계약서 등이 필요하다.

90일마다 이웃 나라를 들락거리며 '비자 런'하는 방법은 무리수

한국인은 관광을 목적으로 할 때 무비자로 90일간 태국에 체류할 수 있다. 과거에는 이를 이용해 체류 가능 일자가 만료될 때를 맞춰 이웃 나라인 라오스, 미얀마, 캄보디아 등에 잠깐 다녀오는 식으로 무비자 체류를 갱신하는 경우가 많았다. 이를 '비자 런'이라고 하는데 2014년부터 태국 이민국이 이런 식의 체류 갱신을 단속하면서 꼼수가 통하지 않게 됐다. 이후 3개월 이상의 장기체류를 원하는 이들은 앞서 소개한 비자를 발급받고 이를 연장 및 갱신하는 방법을 취한다.

자산이 넉넉하다면 택할 수 있는
예외적인 비자 '태국 엘리트 비자'

영주권 취득도 어렵고 비자도 석 달마다 신고를, 1년마다 갱신을 해야 하는 번거로움이 있어서 태국 장기체류는 퍽 까다로운 게 사실이다. 자산이 많다면 한 번쯤 고려할 만한 예외적인 비자가 있다.

이른바 태국 엘리트 비자Thailand Elite Visa로 세 종류가 있다. 5년간 태국에 거주가 가능한 '골드', 10년간 거주가 가능한 '플래티넘', 15년간 거주가 가능한 '다이아몬드'다. 발급 비용은 각각 90만 밧(약 3,400만 원), 150만 밧(약 5,600만 원), 250만 밧(약 9,400만 원)이다. 장기거주뿐만 아니라 공항 입국 시 리무진이 제공되며 면세점, 호텔, 식사, 쇼핑몰 등 다양한 할인 혜택이 제공된다. 공식 홈페이지에서 자세한 사항을 알아볼 수 있다. www.thailandelitekorea.com

토지나 단독주택을 살 순 없지만
콘도는 살 수 있다

원칙적으로 외국인은 토지나 단독주택을 살 수 없다. 예외적으로 일정 요건을 갖춘 법인사업자만이 제한된 형태로 부동산 매입이 가능하다. 그중 콘도로 불리는 아파트 매입은 비교적 자유로운 편이다. 어느 곳이나 마찬가지이듯 거주를 위한 콘도든 차후 매매를 계획하는 콘도든 매입에 앞서 꼼꼼하게 따져봐야 한다. 신중한 이들은 여러 지역의 콘도를 한 달 이상씩 살아본 후 그중 가장 살기 좋은 조건, 향후 발전 가능성을 분석하고 구매한다.

___인터뷰___
치앙마이에서 살아본 소감

이현호(43세, 산띠탐, 나 홀로)
첫 해외여행이기에 여행 준비와 여행지 적응이 어렵지 않은 곳을 찾았다. 주변에서 추천한 곳 중 치앙마이가 가장 적합하다고 생각했고 실제로 어려움 없이 생활했다. 숙소가 저렴한 산띠탐 지역의 콘도에서 지냈으며 주로 자전거와 송태우, 택시를 이용해 이동했다. 일주일에 한 번은 치앙라이, 람빵, 빠이 등 근교 도시를 버스나 밴을 이용해 1~3박씩 다녀왔다. 치앙마이를 근거지로 두고 태국 북부지역을 두루 둘러볼 수 있어서 좋았다. 매일 저녁 야시장에서 시원한 맥주 한 잔에 닭고기구이를 먹었는데 이게 바로 소소한 행복이구나 싶었다. 산띠탐과 올드시티 쪽엔 외국인 여행자가 많아서 친구들도 많이 사귀었다. 생존 영어를 구사하지만 친구 사귀는 데 어렵지 않았다. 첫 해외여행이 성공적이었다고 생각한다.

김영호(54세, 치앙마이 외곽, 나 홀로)
치앙마이 한 달 살기 이전에 골프를 치러 두 차례 치앙마이에 방문한 경험이 있다. 시내에서 가까운 피만팁 골프 클럽은 저렴한 가격 대비 시설이 괜찮아서 한국인 골퍼들이 많이 찾는다. 사실 골프장과 묵었던 호텔 외에는 치앙마이에 대해 아는 것이 없었다. 그러다 남들보다 조금 일찍 은퇴하면서 은퇴 후 삶을 계획할 겸 치앙마이에 한 달을 살았다. 자동차를 한 달간 렌트했기 때문에 이동이 자유로웠고 번화가에서 조금 떨어진 고급 리조트형 콘도에 묵었다. 일주일에 두서너 번은 골프를 치고 도이 수텝이나 도이 인타논의 트레킹 코스를 이용해 등산도 즐겼다. 한적한 근교 도시 드라이브도 좋았다. 태국 음식은 가끔 먹고 주로 한식을 먹었다. 치앙마이에는 여러 곳의 한식당이 있는데 음식 맛이 괜찮다. 하고 싶은 일을 하며 큰 만족감을 느낀 시간이었다. 같은 비용으로 한국에서는 절대 불가능한 생활이다.

임주연(38세, 님만해민, 남편과 아이와)
나와 남편이 프리랜서라 시간 조율이 자유로운 편이다. 한 달간 해외에서 지내면 어떨까 오랫동안 생각만 하다가 치앙마이로 목적지를 정했다. 6세 아들이 있어서 아이가 머물기에 좋은 환경인지 고려한 결과였다. 물놀이를 좋아하는 아들을 위해 넓은 수영장이 있는 리조트형 콘도에서 한 달간 지냈으며 이동은 주로 택시를 이용했다. 아이와 함께 곤충을 볼 수 있는 시암 인섹트 주와 코끼리 똥으로 천연 종이를 만드는 체험장 엘리펀트 푸푸페이퍼 파크를 찾아 즐거운 추억도 쌓았다. 키즈 카페도 여러 곳이라서 아이와 시간을 보내기에 참 좋았다. 커피를 즐겨 마시는 우리 부부는 일부러 자연 친화적인 카페를 찾아다녔다. 숲속에 있거나 연못과 정원을 둔 카페들이 많아서 아이가 뛰어놀아도 손님들에게 방해되지 않는 점이 마음에 들었다.

양진숙(62세, 랑모, 남편과)
남편과 함께 은퇴 후 세계 곳곳을 여행 다녔다. 패키지여행과 자유여행을 두루 했는데 한 달 살기는 처음이었다. 세계 유명한 곳들은 웬만큼 다 다녔다고 자부하지만 장기간 특정 지역에 머문 적은 없었기 때문에 의미 있는 시간이 될 것이라고 기대했다. 결과적으로는 남편도 나도 다음 겨울에 또 치앙마이에 와야겠다는 다짐을 할 정도로 만족한 시간이었다. 체력적으로 피로하지 않으면서도 매일매일 여행하는 기분이라 좋았다. 하루 한 개의 사원, 한 개의 시장을 목표로 치앙마이를 여행했다. 정말 수많은 사원과 시장이 있어서 놀랐다. 시장에서 장을 본 후 숙소에서 밥해먹는 재미가 쏠쏠했다. 주말에는 치앙마이대학교 어학원에서 태국어 수업을 들었다. 젊은 친구들과 무언가를 함께 배운다는 기쁨이 컸다. 산깜팽 온천도 일주일에 한 번씩 갔다. 더운 나라임에도 온천에 몸을 담그니 피로가 풀리고 좋았다.

윤혜림(36세, 왓 쳇욧, 나 홀로)
이직하게 되어 한 달 정도의 휴식 시간이 생겼다. 유럽이나 남미 배낭여행도 생각했지만 여러 모로 부담이 돼서 요즘 인기라는 치앙마이 한 달 살기를 결정했다. 결과적으로는 매우 잘한 선택이라고 생각한다. 개인적으로는 동화 같은 시간을 보냈다. 정원이 있는 조용한 소규모 콘도에서 지내면서 아기자기하고 예쁜 곳들을 골라 다녔다. 꽃이 가득했던 몬챔, 아기자기한 수공예품 천국이었던 찡짜이 마켓, 초록의 기운이 가득했던 단골 카페들 모두 그립다. 뭔가 배우는 걸 좋아해서 주 3일 요가학원에 다니고 하루짜리 쿠킹 클래스도 수강했다. 다음에 치앙마이에 오면 무에타이 클래스를 수강해볼까 한다. 인터넷 여행자 커뮤니티인 '아이러브 태국'을 통해 사람들과 모여 매림과 항동 등 근교 나들이도 몇 번 갔었다. 사람들과 부담없이 어울릴 수 있어 좋았다.

2부
한 달 살기, 오늘은 뭐 하지?

왓 프라탓 도이 수텝

각기 다른 120가지 매력
사원

치앙마이는 사원의 도시다. 란나 왕국의 도읍지였던 동시에 인구 90% 이상이 불교 신자인 태국 제2의 도시라서 그렇다. 올드시티를 중심으로 120여 개의 사원이 있을 만큼 거리마다 크고 작은 사원들이 빽빽하게 들어서 있다. 사원이 몰려 있는 곳은 올드시티다. 길을 걷다가 들어가고픈 사원이 보이면 쓱 한번 둘러보고 나오자. 다리가 보이는 반바지나 배나 어깨가 많이 드러난 상의를 입었다면 사원 앞에서 천을 빌려 맨살을 가릴 수 있다.

수많은 사원들 중에서 꼭 가야 할 사원을 꼽는다면 왓 프라탓 도이 수텝, 왓 프라싱, 왓 체디 루앙, 이렇게 세 곳이다.

왓 프라탓 도이 수텝 Wat Phrathat Doi Suthep

흔히 이 사원을 갈 때 '도이 수텝'에 간다고 한다. '도이'는 산을 뜻하고 '수텝'은 이름이라 정확히는 수텝산에 간다는 의미다. 사실상 산 전체가 사원 '왓 프라탓 도이 수텝'을 의미한다고 해도 과언은 아니다. 또한 사원이 해발 1,053m 높이에 자리해 치앙마이 시내 전경을 내려다볼 수 있는 전망대 역할

왓 프라탓 도이 수텝

도 한다. 참고로 도이 수텝은 해발 1,676m이다. 사원은 1383년 지어졌으며 전설 속 흰 코끼리가 지고 온 부처의 어깨뼈 사리가 모셔졌다고 해서 신성하게 여기는 사원이다.

∨ **어떻게 갈까**

송태우 이용이 가장 보편적이다. 왓 프라탓 도이 수텝을 오가는 송태우는 치앙마이 동물원 앞, 창푸악 게이트 앞에 있다. 보통 6명의 정원을 채워야 올라가기 때문에 사람이 다 찰 때까지 기다려야 할 때가 많다. 송태우는 1인당 왕복 160밧이며 일행이 많을 경우 송태우 한 대를 통째로 대절해 600밧 선으로 가격을 흥정할 수 있다. 일행이 4명 내외라면 그랩 택시 이용을 추천한다. 시간을 자유롭게 쓸 수 있어 좋다. 그 밖에 여행 앱 와그, 클룩, 케이케이데이 등을 이용해 여행사 밴을 이용할 수 있는데, 숙소까지 픽업, 센딩 서비스를 하고 푸핑 궁전, 몽족 마을 등의 주변 볼거리를 포함해 반나절 투어를 진행하는 경우가 많아 가격대는 높은 편이다. 구불구불한 산길을 올라가기 때문에 멀미약을 챙기면 좋다.

∨ 언제 갈까

낮도 좋지만 밤을 추천한다. 치앙마이 시내의 아름다운 야경이 보이고, 조명이 켜져 더욱 화려한 황금빛 사원을 볼 수 있다. 밤에 올라가려면 오후 6~7시 전후로 송태우 정류장에 가는 것을 추천한다. 그 이후에는 도이 수텝행 송태우 운행을 하지 않을뿐더러 밤 9시면 사원 입장이 마감된다. 사원을 모두 둘러보는 데 1시간이면 충분하지만 여유 있게 2시간을 잡는 편이 좋다.

∨ 무엇을 볼까

24m 높이의 황금 사리탑, 체디가 가장 눈에 띈다. 태국인들은 이 체디를 시계 방향으로 세 바퀴 돌며 부처를 향한 기도를 올린다. 사원까지는 306개의 계단을 걸어 올라야 하며 계단을 다 올라 매표소를 지나면 사원의 상징인 흰 코끼리 동상을 볼 수 있다. 계단을 오르지 않고 유료 엘리베이터(20밧)를 탈 수도 있다. 사원 바깥쪽에는 시내를 조망할 수 있는 전망대가 있다.

- 입장료 30밧, 입장시간 6:00~20:00, 치앙마이대학교 후문에서 산으로 난 도로를 따라 차량으로 20분 거리 위치

왓 프라싱

왓 프라싱 Wat Phra Singh

왓 프라탓 도이 수텝 다음으로 중요한 가치를 지니는 사원이다. 매주 일요일 열리는 선데이 나이트 마켓의 시작 지점이자 끝 지점이기도 하다. 1345년 지어졌으며 1367년 스리랑카(실론)에서 온 프라싱 불상을 모시며 왓 프라싱이라는 이름을 갖게 되었다. 전형적인 란나 양식의 사원이다.

∨ 어떻게 갈까
올드시티에 숙소를 두고 있다면 걸어서 갈 수 있지만 그 외 지역이라면 택시나 송태우를 타면 된다. 서쪽 성문인 수안독 게이트에서 가깝다. 선데이 나이트 마켓이 열리는 일요일에 시장 구경할 겸 들러도 좋다. 물론 사람이 다소 많을 수 있는 점을 염두에 두자.

∨ 언제 갈까
한낮은 너무 더울 수 있으니 이른 아침과 해 질 녘을 추천. 일몰 후 조명이 켜졌을 때의 분위기도 좋다.

∨ 무엇을 볼까
사원 정문으로 들어서자마자 사원의 중심이라 할 수 있는 본당 '위한 루앙'을 마주한다. 건물 앞 동상은 1920년대 사원의 복원을 지휘한 크루바 시위차이다. 안쪽으로 들어가면 황금 탑 '프라탓 루앙'이 웅장한 자태를 드러낸다. 기단 4면이 코끼리상으로 장식되어 있다. 그 옆의 작은 본당 '위한 라이캄'은 란나인의 일상을 묘사한 내부 벽화로 유명하다. 사원 이름이 유래한 프라싱 불상이 이 건물 내에 모셔져 있다.

- 입장료 무료, 입장시간 9:00~18:00(밤에도 사원 내 입장은 가능하나 건물 안으로 들어갈 수는 없다), 올드시티 성 안쪽 수안독 게이트(서문)에서 약 300m 위치

왓 체디 루앙 Wat Chedi Luang

15세기 중순에 만들어진 거대한 석조 체디가 볼 만한 사원이다. 지진으로 인해 상단이 무너졌지만 전체적으로 예스럽고 고즈넉한 분위기를 풍긴다. 왓 프라탓 도이 수텝보다 이곳에서 더 깊은 인상을 받았다는 방문객들이 많으며 치앙마이에서 꼭 가야 할 사원 1순위로 꼽는다 해도 수긍할 만한 장소다.

∨ 어떻게 갈까

올드시티 중심에 위치한다. 즉 성벽 안 가운데 위치인데 왓 프라싱에서 700m 정도 떨어져 있다. 왓 프라싱을 먼저 둘러본 후 왓 체디 루앙을 둘러보면 서로 다른 매력을 느낄 수 있다. 올드시티 외 지역에서 온다면 택시나 송태우 등의 교통수단을 이용해야 한다.

∨ 언제 갈까

일몰 때 가장 멋지다. 해가 질 때 은은한 석양빛이 체디를 비추는데 이때 체디가 가장 선명하게 잘 보일 뿐만 아니라 분위기 또한 낭만적이다.

∨ 무엇을 볼까

시선을 사로잡는 붉은빛 벽돌 체디는 1475년 세워졌을 당시 82m의 높이였으나 1545년에 일어난 지진으로 상단 30m가량 무너져 내렸다. 그럼에도 웅장한 규모와 무너진 건축물 그 자체가 근사해 보인다. 4면에 나가(신화에 등장하는 뱀 또는 용)로 장식한 계단이 있고 남쪽 면에 다섯 마리의 코끼리가 조각되어 있다. 그중 가장 오른쪽에 있는 코끼리 조각은 완공 당시 그대로 보존된 것이며 나머지는 복원된 것이다.

도시의 기둥이라는 뜻의 락 므앙 Lak Mueang은 사원 내 법당인 왓 인타킨

왓 체디 루앙

에 있다. 아카시아 나무로 만든 기둥으로 도시의 힘과 번영을 상징한다. 규율상 여성은 입장할 수 없으며 인타킨 옆에는 거대한 수호목이 있다. 사원 입구에서 정면으로 보이는 본당(위한) 내에는 14세기에 조성된 높이 8m의 불상이 있다.

- 입장료 50밧, 입장시간 8:00~18:00, 올드시티 성 안쪽 중심 위치

더 가볼 만한 치앙마이의 사원

잠시 쉬어가기 좋은 왓 치앙만 Wat Chiang Man
평화로운 분위기가 마음을 차분하게 해주는 사원이다. 1296년 세워진 치앙마이에서 가장 오래된 사원이자 최초의 왕실 사원이라는 점에서 역사적 의미가 있다. 10cm 크기의 작은 크리스털 불상과 석조 불상이 유명한데 본당 옆 작은 법당(위한 상마이)에 모셔져 있으나 창살 안에 있어 자세히 보긴 어렵다.

- 입장료 없음, 입장시간 6:30~17:00, 올드시티 성 안쪽 창푸악 게이트(북문)에서 약 500m 위치

왓 치앙만

왓 쳇욧

인도 양식의 석조 불탑이 돋보이는 왓 쳇욧 Wat Chet Yot

왓 체디 루앙의 분위기를 좋아하는 이들이라면 왓 쳇욧 역시 마음에 들 것이다. 1455년 세워진 사원의 자랑은 마하 체디Maha Chedi로 불리는 인도 양식의 독특하고도 웅장한 석조 불탑이다. 체디는 인도 보드가야의 마하보디 사원의 형태를 그대로 본떴다. 기단 위에 7개의 불탑을 세웠기 때문에 숫자 7를 뜻하는 '쳇'과 최고라는 의미의 '욧'이 더해져 왓 쳇욧이라는 이름이 만들어졌다. 체디 외벽에는 70개의 천신상이 조각되어 있으며 많은 부분의 손상이 있지만 옷깃과 몸의 굴곡에 대한 섬세한 묘사를 확인할 수 있다. 또한 뱀의 해에 태어난 사람들을 위한 절이라 해서 사원 곳곳에서 크고 작은 뱀 조각들을 볼 수 있다. 늘 한적하고 조용하다.

- 입장료 없음, 입장시간 6:00~18:00, 치앙마이 시내 서북쪽 국립 치앙마이 박물관에서 약 1km 위치

왓 룩몰리

감각적인 본당 전면부, 왓 록몰리 Wat Lok Moli

14세기에 창건된 사원이지만 본당(위한)의 전면부 디자인이 누구에게나 눈길을 끌 만큼 세련되고 감각적이다. 그도 그럴 것이 2003년 새로 지어진 것이다. 란나 사원 양식을 그대로 따랐지만 전면부만큼은 티크 나무에 새긴 부조로 개성을 뽐내고 있다. 부조의 내용은 부처님의 전생 이야기인 베산타라 자타카 Vessantara Jataka다. 올드시티 성곽 북문인 창푸악 게이트와 가까운 해자 변에 위치해 길을 오갈 때 쉽게 눈에 띈다. 위한 뒤에는 16세기 만들어진 체디가 있는데 세월의 흔적이 그대로 느껴져 위한과 상반된 멋을 보여준다.

- 입장료 없음, 입장시간 6:00~18:00, 올드시티 성 바깥쪽 창푸악 게이트(북문)에서 약 450m 위치

새하얀 탑들이 인상적인 왓 수안독 Wat Suan Dok

한적한 골목 안에 자리한 고즈넉한 사원. 공항이 가깝다보니 주기적으로 들리는 비행기 소음이 조금 아쉽다. 본당 뒤편의 새하얀 탑들이 인상적인데 이는 치앙마이 왕가의 납골묘다. 왓 수안독은 왓 프라탓 도이 수텝과 함께 부처의 진신 사리를 모신 사원이라 중요한 의미를 지니는 곳이다.

- 입장료 없음, 입장시간 6:00~18:00, 올드시티 수안독 게이트(서문)에서 치앙마이대학교 방면으로 약 1.3km 위치

왓 수안독

왓 우몽

신비로운 동굴 사원, 왓 우몽 Wat Umong

도심에서 살짝 떨어져 언제 가도 조용하고 한적하다. 반깡왓(161쪽)과 가까워 한 코스로 묶어 가도 좋다. 평화로운 분위기에 석굴 사원이라는 특별함이 더해져 이제는 치앙마이 사원 투어의 필수코스가 됐다. 1297년 세워졌으며 석굴은 본래 명상을 위해 지어졌다고 한다. 3개의 출입구가 있고 내부는 아치형의 긴 통로를 따라 곳곳에 불상이 모셔져 있으며 그 앞에서 예불을 드리는 사람들을 볼 수 있다. 석굴을 기단 삼아 체디가 세워져 있으며 사원 입구에 왓 우몽과 란나 왕국의 역사와 미술에 대해 소개한 전시관과 불교 서적을 보관한 도서관이 있다.

- 입장료 없음, 입장시간 6:00~18:00, 반깡왓에서 랑모 방면으로 약 1.4km 위치

왓 쩻린

작은 연못이 운치 있는 왓 쩻린 Wat Jet Lin

규모는 작지만 도심 사원 중 유일하게 연못이 있고 연못을 가로지르는 대나무 다리가 운치를 더한다. 다리에는 등불이 달려 있어 밤에는 은은한 빛을 발한다. 다리를 건너면 스님과 이야기를 나눌 수 있는 테이블이 마련되어 있다. 젊은 스님들이 돌아가며 테이블에 상주한다. 사원에서는 눈이 5개 달린 상상의 동물상도 볼 수 있는데 치앙마이 사람들에게는 이 상에 물을 뿌리면 부귀를 누릴 수 있다는 믿음이 있다. 올드시티의 숨은 보석이라 할 만한 사원.

- 입장료 없음, 입장시간 6:00~18:00, 올드시티 성 안쪽 치앙마이 게이트(남문)에서 약 350m 위치

도이 인타논 국립공원의 께우 매 판 네이처 트레일에서 본 풍경

다양한 난이도의 트레킹 코스
산

치앙마이가 있는 태국 북부지역은 산악지대다. 고산족 마을이 곳곳에 있고 산마다 트레킹 코스, 전망대가 있어 등산을 즐긴다면 하루 정도는 산에 가도 좋겠다.

도이 인타논 국립공원 Doi Inthanon National Park

태국의 지붕이라 불리는 해발 2,565m의 높고 웅장한 산이다. 여러 지역에 걸쳐 있으며 고산족 마을이 곳곳에 있다. 치앙마이 시내에서는 자동차로 1시간 40분 정도 떨어져 있다. 자동차가 정상 부근까지 올라갈 수 있기 때문에 힘들이지 않고도 구름 걸린 산맥의 근사한 풍경을 볼 수 있다. 그러나 등산로를 밟아야 산이 가진 매력을 십분 만끽할 수 있으며 더욱 근사한 전망을 볼 수 있다. 등산로 역시 왕복 2~3시간 코스로 험준하지 않다.

∨ 어떻게 갈까

여행사 투어 프로그램을 이용하거나 개인 기사를 하루 동안 고용해 갈 수 있다. 현지 여행사나 여행 앱을 통할 경우 1인 2,000밧 내외로 우리 돈 6~7만 원 선이며 대부분 2시간의 트레킹을 포함해 와치라탄 폭포, 국왕과 왕비의 탑, 고산족 마을 방문 등을 포함한다. 트레킹을 하지 않는 투어 프로그램도 있다. 이 경우 가격이 조금 더 저렴하다.

　개별 차량을 이용한다면 아침 7시부터 오후 5시 정도까지 이용하는 금액으로 차 한 대와 운전기사를 포함해 3,000밧 전후다. 평소 택시를 이용할 때 기사에게 직접 제안할 수도 있으며 네이버 카페 '아이러브 태국'을 통해 기사를 소개받고 함께 갈 사람을 모집할 수도 있다. 어떻게 가든 도이 인타논 국립공원 입장료(300밧)와 점심 식대는 별개로 지불해야 하는 경우가 대부분이다. 4명이 택시를 이용해 간다고 가정했을 때 1인당 교통비, 입장료, 식대의 평균 비용은 1,300밧 정도다.

　조금 더 저렴하게 가고 싶다면 와로롯 시장과 붙어 있는 야외 꽃시장 맞은편에서 출발하는 미니밴을 이용할 수 있다.

　- 미니밴 홈페이지 www.faceook.com/Van.Hotsprings

∨ 언제 갈까

11~12월을 가장 추천한다. 이때는 미세먼지가 없어 전망대에 올랐을 때 주변 풍경이 가장 선명하고 아름답게 보인다. 2~3월은 화전으로 인한 미세먼지로 시야가 다소 뿌연 편이다.

도이 인타논을 즐기는 등산로 세 곳

께우 매 판 네이처 트레일 Kew Mae Pan Nature Trail
도이 인타논의 대표적인 등산로로 등산을 원하는 방문객들 대부분이 이 길을 걷는다. 약 3km로 왕복 2~3시간 걸린다. 길이 평탄해 등산이 까다롭지 않으며 입구에서부터 1km가량 걸으면 시야가 확 트여 걷는 내내 주변의 크고 작은 산들과 들판, 고산족 마을이 어우러져 있는 광활한 풍경을 감상할 수 있다. 정상 전망대에서 해돋이를 볼 수도 있다. 일출을 보길 원한다면 적어도 시내에서 새벽 4시에는 출발해야 한다. 또한 등산로를 오를 때는 현지 가이드와 동행해야 한다. 1~10명까지 한 팀에 200밧이다. 단, 6월부터 10월까지의 우기에는 길이 미끄러워 등산로가 폐쇄된다. 11월부터 5월까지 이용할 수 있다.

파 독 시우 네이처 트레일 Pa Dok Siew Nature Trail
고산마을인 매 끌랑 루앙 Mae Klang Luang에 있어 매 끌랑 루앙 네이처 트레일로도 불리는 3km의 등산로다. 파 독 시우 폭포, 고산 경작지, 커피 농장, 고산족 마을 등을 함께 둘러보는 코스로 2시간가량 소요된다. 께우 매 판처럼 확 트인 풍경은 아니지만 볼거리가 풍부해 께우 매 판을 경험한 이들이 두번째로 많이 찾는 코스다. 우기에는 께우 매 판 트레일을 이용할 수 없기 때문에 이곳이 대안이 된다.

앙까 네이처 트레일 Angka Nature Trail
등산이라기보다는 가벼운 산책을 할 수 있는 등산로다. 숲길을 따라 약 360m가량의 목재 데크 길이 설치되어 있다. 울창한 산림 속에서 맑은 공기를 한껏 마시며 휴식하듯 걷는 길이기에 께우 매 판이나 파 독 시우 등산로를 걷는 전후로 가볍게 돌아볼 수 있다.

앙까 네이처 트레일

도이 인타논 국립공원 필수 코스

등산로를 걷든 걷지 않든 도이 인타논에 가면 필수적으로 들르는 코스들이 있다.

국왕과 왕비의 탑 Two Chedis / Twin Pagoda

1989년 국왕과 왕비의 60세 탄생일을 기념하기 위해 도이 인타논 정상 부근에 세운 2기의 탑이다. 탑 안에는 벽화와 조각들이 있으며 주변은 잘 가꿔진 정원으로 꾸며져 있다.

와치라탄 폭포 Wachirathan Falls

도이 인타논에 있는 여러 폭포 중 정상부에 위치한 데다 낙차도 커서 가장 유명한 폭포로 꼽힌다. 높이 80m의 폭포는 건기에도 풍부한 수량을 자랑하며 시원하게 쏟아져내린다.

국왕과 왕비의 탑

도이 인타논 국립공원 와치라탄 폭포

고산족 마을 hill tribe villages

도이 인타논에는 몽족, 카렌족 등 여러 고산족들이 살고 있다. 과거 생계를 위해 아편을 재배했던 그들은 현재 대부분 커피, 쌀 등을 경작하거나 관광업에 종사한다. 1일 투어를 가면 카렌족 마을에 들르는 경우가 많다.

∨ 도이 인타논 국립공원 일일 투어 일정

7:00   호텔 혹은 지정된 장소에서 픽업
9:00   도이 인타논 국립공원 도착
9:20   와치라탄 폭포
10:45 정상(자동차가 올라가는 지점) 전망대와 앙까 네이처 트레일
11:30 점심식사
14:00 께우 매 판 네이처 트레일
16:00 고산족 마을 방문
17:30~18:00 치앙마이 시내 도착

위는 일반적인 일정이지만, 순서는 바뀔 수 있다. 오전에는 께우 매 판 네이처 트레일, 오후에는 파 독 시우 네이처 트레일 등 주요 트레일 두 곳을 걷는 식이다. 다만 체력이 필요하며 치앙마이 시내로 돌아오는 시간이 지체되어 기사에게 추가 요금을 더 내야 할 수도 있다.

> **파초 협곡** Pha chor Canyon
>
> 도이 인타논 국립공원으로 가는 길목의 매왕 국립공원 Maewang National Park에는 '태국의 그랜드캐니언'이라 불리는 파초 협곡이 있다. 500만 년 전 지금의 뼁강이 흘렀던 곳으로 오랜 세월 침식과 풍화를 거치면서 기암절벽을 이루게 되었다. 마치 커튼을 친 것처럼 겹겹의 독특한 형태를 가진 높이 30m의 협곡이다. 미국의 그랜드캐니언처럼 웅장한 규모는 아니지만 도이 인타논과 묶어 들르기에 괜찮다. 치앙마이 시내에서는 1시간가량 떨어져 있으며 파초 협곡만 단독으로 갈 경우 대절 택시 요금은 왕복 1,000밧 정도다.
>
> - **입장료 100밧, 입장시간 8:30~16:30**

도이 수텝 뿌이 국립공원 Doi Suthep-Pui National Park

도이 수텝은 치앙마이 서쪽에 위치하며 시내 어디에서나 보이는 도시의 상징이다. 해발 1,676m이며 정상부에는 도이 수텝과 동의어로 불리는 사원 왓 프라탓 도이 수텝이 있다. 치앙마이 여행자 대부분은 사원을 구경하기 위해, 도시 전망을 감상하기 위해 왓 프라탓 도이 수텝을 목적지로 도이 수텝을 오른다. 대부분은 송태우나 택시를 이용해 구불구불한 도로를 따라 오르지만 등산로를 따라 걸어 오르는 방법도 있다.

∨ 어떻게 갈까

도이 수텝의 등산로는 스님들이 오르내리던 옛길로 이른바 '승려의 길 Monk's trail'로 불린다. 길은 전체 6.3km로 편도 2시간 정도 걸린다. 등산로 입구는 치앙마이대학교 후문(랑모)에서 산 방향으로 1.5km가량 떨어져 있다. 구글 맵에서 'Wat Pha Lat Hike(왓 파랏 하이크)'를 검색하면 등산로 입구를 찾을 수 있다. 송태우나 택시 등 차로 산을 오르는 방법은 앞서 소개한 왓 프라탓 도이 수텝의 교통편을 참조하자(64쪽).

왓 파랏

도이 수텝의 대표 등산로 '승려의 길'

STEP 1 등산로 입구에서 왓 파랏까지 Wat Pha Lat Hike

도이 수텝의 산길을 경험하는 가장 일반적인 코스다. 승려의 길에서 2km가 조금 넘는 길로 약 30~40분이 소요되며 적당히 숨이 가쁜 등산로다. 매일 이곳을 오르내리며 운동을 하는 사람들도 적지 않다. 도이 수텝을 오른다는 데 의미를 두기보다는 산속에 고즈넉하게 위치한 작은 사원 왓 파랏을 구경할 목적으로 오르는 이들이 많다.

왓 프라탓 도이 수텝의 유명세에 가려졌지만 도이 수텝의 '숨은 보석'인 왓 파랏은 알 만한 사람들은 다 아는 작은 사원이다. 1355년 세워져 왓 프라탓 도이 수텝보다 건립년도가 앞서지만 왓 파랏이 창건될 때 이미 왓 프라탓 도이 수텝은 흰 코끼리가 죽음을 맞이한 신성한 장소로서 수많은 수도승들이 드나들고 있었다. 그런 이유로 절은 도이 수텝을 오르는 이들에게 오랜 세

도이 수텝 국립공원

월 중간 휴식처와 같은 장소가 되었다. 현재는 계곡과 울창한 수풀에 둘러싸인 개성 있는 법당들과 조각상 덕분에 '포토 스폿'으로도 인기가 많다.

- 입장료 없음, 입장시간 6:00~18:00

STEP 2 왓 파랏에서 왓 프라탓 도이 수텝까지 Wat Phra That Doi Suthep Hike

왓 파랏에서 왓 프라탓 도이 수텝까지의 등산로는 좁고 가팔라서 등산을 자주 했던 사람들도 힘들어하는 구간이다. 또한 인적이 드문 편이라 혹시라도 사고가 발생할 시 빠른 대처가 어려울 수 있다. 그러나 산 전망대에 도착했을 때 성취감은 매우 크다. 약 3km의 길로 1시간 20분 정도 소요된다.

도이 수텝과 가까운 일몰 포인트, 도이 뿌이 Doi Pui View Point

왓 프라탓 도이 수텝에서 자동차로 구불구불한 길을 따라 20분 정도 올라가야 하는 전망대. 주변이 고요하고 전망대 자체의 분위기가 아늑한 느낌이라 해 질 녘에 한 번쯤 들러볼 만하다. 단 이곳은 도보로 가기 어렵기 때문에 택시를 대절해 왓 프라탓 도이 수텝에 들를 때 함께 둘러보면 좋다.

도이 뿌이의 석양

아침부터 밤까지 다양한 테마
시장

치앙마이는 아침저녁으로 구경할 시장이 많다. 아침시장은 식재료 위주, 야시장은 먹거리와 잡화, 기념품 위주로 열린다. 특히 축제 분위기의 야시장은 관광객 천국이다.

아침시장 BEST 4

무앙마이 시장 Muang Mai Market

치앙마이의 부엌으로 일컫는, 매일 문을 여는 상설 재래시장이다. 삥강과 인접하며 여행자들에게는 질 좋은 제철 과일이 저렴하기로 유명하다. 채소와 과일을 중심으로 정육, 수산물, 가공식품 등 식재료를 두루 판매한다. 무앙마이 시장 북쪽 구역에 저렴하게 과일을 판매하는 좌판이 많고 밤 10시 전후로 영업을 마감한다.

- 영업시간 매일 6:00~20:00

와로롯 시장 Warorot Market

공산품 중심의 대형종합시장이다. 특히 라탄 제품과 법랑 그릇, 말린 열대과일 등의 제품을 합리적인 가격에 구입할 수 있어 여행자들의 대표 관광코스로 꼽힌다. 건물 내 상설시장을 중심으로 노천 시장과 꽃시장이 매일 열린다. 서울 방산시장, 광장시장과 비슷한 분위기. 삥강이 바로 옆에 흐른다.

   - 영업시간 매일 4:00~19:00

타닌 시장 Thanin Market

치앙마이 도심 북부지역인 산띠탐을 대표하는 식재료 시장이다. 현지인이 많이 사는 동네이다보니 그 어떤 시장보다 현지 분위기가 물씬 풍긴다. 늦은 오후까지 운영하지만 아침에 가야 싱싱한 식재료와 갓 만든 반찬, 주전부리를 내놓은 좌판들을 마주할 수 있다.

   - 영업시간 매일 6:00~20:00

올드시티 금요일 아침시장 Friday Morning Market

나이트 바자 뒤편 모스크 앞에서 금요일 아침마다 열리는 노천 시장이다. 치앙마이에 거주하는 무슬림과 중국 윈난성 사람들이 주축이 되어 다양한 식재료와 음식을 판매한다. 일반 태국 시장에서는 보기 드문 무슬림 식품과 중국 윈난성 음식들을 접할 수 있어 볼거리가 다채롭다.

   - 영업시간 금요일 6:00~11:00

무앙마이 시장

와로롯 시장

타닌 시장

올드시티 금요일 아침시장

야시장 BEST 5

나이트 바자 Night Bazaar

올드시티 동쪽 문인 타패 게이트에서 삥강 방면으로 1.2km 떨어진 야시장이다. 나이트 바자라는 간판이 달려 있는 건물은 한 동이지만 그 주변의 실내, 노천 상설시장을 통틀어 나이트 바자로 일컫는다. 토요일과 일요일에는 각각 우알라이 로드에서 새터데이 나이트 마켓, 랏차담는 로드에서 선데이 나이트 마켓이 열려 해당 시장으로 이동하는 상인들이 많다. 때문에 활기찬 시장 분위기를 만끽하고 싶다면 평일 일몰 후에 방문하는 편이 좋다.

    나이트 바자는 크게 세 구역이다. 가장 활성화된 깔라레 나이트 바자 Kalare Night Bazaar, 푸드코트가 넓고 세련된 느낌을 풍기는 쁠른 르디 야시장 Ploen Ruedee Night Market, 기념품과 잡화가 많고 쇼핑하기 좋은 분위기의 아누산 시장 Anusarn Market이 있다. 아누산 시장에서 길 건너 도보 1분 거리에 빅시 마트와 체인식당, 전자제품, 귀금속 등을 판매하는 쇼핑몰 빤팁 플라자 Pantip Plaza가 있다.

    - 영업시간 매일 일몰 후~23:00경

나이트 바자 아누산 시장

창푸악 게이트 야시장 Chang Phuak Gate Night Market

올드시티 북문인 창푸악 게이트의 해자 바깥쪽, 대로변에 열리는 시장이다. 일몰 후 먹을거리를 조리해 판매하는 노점상들이 문을 연다. 카우보이 모자를 쓴 여성 사장이 족발덮밥(카우카무)를 판매하는 노점이 유명해 일부러 찾아가는 손님들이 많다. 많은 여행자들이 이곳에서 저녁식사를 하고 도보 5분 거리에 있는 더 노스 게이트 재즈 코업(126쪽)에 가서 라이브 공연을 보곤 한다.

치앙마이 게이트 야시장 Chiang Mai Gate Night Market

올드시티 남문인 치앙마이 게이트 안쪽에서 열리는 시장으로 이곳 역시 창푸악 게이트 야시장과 마찬가지로 저녁에 문을 연다. 대로변으로 국수, 덮밥, 꼬치, 과일 등의 즉석 요리 노점이 상설시장 바깥쪽에 줄지어 선다. 상설시장 내부에선 여러 가지 식재료를 판매하는데 야시장이 열릴 즈음에는 대부분 상점이 문을 닫는다.

나모 야시장 Na Mor Night Market

치앙마이대학교 정문 앞에 열리는 야시장으로 음식 노점상이 주를 이루는

치앙마이 게이트 야시장

다른 야시장들과는 달리, 옷을 판매하는 보세가게들이 모여 있으며 식당은 대형 푸드코트인 치앙마이 콤플렉스Chiangmai Complex와 노천 쇼핑몰 말린 플라자Malin Plaza를 중심으로 들어서 있다. 20대가 주 이용객이어서 젊고 트렌디한 분위기가 느껴진다.

랑모 야시장 Lang Mor Night Market

치앙마이대학교 후문 밖 대로변에서 열리는 야시장으로 길을 따라 약 500m가량 음식을 만들어 파는 노점상이 촘촘히 줄지어 선다. 테이블 자리가 없고 음식을 포장해가는 경우가 대부분이며, 좁은 인도에 노점상이 들어서다보니 통행로가 번잡하다. 여러 가지 시즈닝을 뿌릴 수 있는 즉석 감자튀김 노점과 해산물을 풍부하게 넣어주는 똠얌국수집이 인기가 많다.

> **오후 6시, 사람들이 갑자기 멈춰 섰다?**
> 태국에서는 매일 오전 8시와 오후 6시에 전국의 공공시설에서 태국 국가가 울려 퍼진다. 국가에 대한 충성을 표하는 시간으로 모든 국민은 국가가 끝날 때까지 하던 일을 멈추고 부동자세로 서 있어야 한다. 외국인도 예외는 없다. 태국인에 대한 예의이기도 하다.

랑모 야시장

∨ **치앙마이 야시장의 먹거리들**

창푸악 게이트 야시장

국립 치앙마이 박물관

치앙마이의 과거와 현재
박물관

치앙마이는 고대 란나 왕국의 도읍이었던 위상에 걸맞게 역사와 전통을 주제로 한 크고 작은 박물관들이 많다. 하루쯤은 치앙마이의 과거를 더듬어보는 시간을 갖는 건 어떨까?

국립 치앙마이 박물관 Chiang Mai National Museum
다른 박물관들이 란나 왕국의 역사와 민속과 풍습에 초점을 맞추고 있다면 이곳은 란나 왕국뿐 아니라 란나 왕국 전후의 역사와 주변 왕국들까지 포괄적으로 다룬다. 특히 국보급 유물을 포함한 불상, 도자기, 비석 등의 불교 유물을 치앙마이 내에서 가장 많이 소장하고 있다. 1층부터 3층까지 시대순으로 전시실을 갖추고 있다. 1층에 전시된 청동 불상의 두상은 박물관의 상징적 유물이다. 란나 왕조 때 만들어진 것으로 본래 6m에 이르는 불상이었으나 몸통은 소실되고 1.8m의 머리만 남았다. 왓 쳇욧과 가까워 함께 둘러보면 좋다.

- 입장료 100밧, 입장시간 9:00~16:00, 휴관일 월~화요일, 마야몰에서 도로 따라 왓 쳇욧 방향으로 1.7km 위치

국립 치앙마이 박물관

란나 민속박물관

사진의 집

치앙마이 재무박물관 The Treasury Museum Chiang Mai

태국 화폐의 역사를 다룬 박물관으로 치앙마이에서 가장 최신식의 전시 환경을 자랑한다. 과거 란나 시대를 중심으로 현재에 이르기까지 화폐의 변천사와 화폐의 쓰임을 경제사와 무역사 등을 토대로 한 다양한 시각 자료와 체험형 전시를 통해 소개한다. 요청하면 해설사에게 영어로 안내받을 수 있다.

- **입장료 무료, 입장시간 10:00~16:00, 점심시간 12:00~13:00, 휴관일 월요일, 올드시티 성 안쪽 삼왕상과 랏차담느 로드 사이 위치**

란나 민속박물관 Lanna Folklife Museum

이름 그대로 란나 왕국의 민속을 보여주는 박물관이다. 란나 시대부터 오늘날까지 태국 북부지역에 내려온 전통과 풍습을 종교, 예술, 건축, 의식주 등으로 분류해 인물 모형과 다양한 시각 자료로 소개한다. 북부지방 사람들의 실생활을 다루고 있어 한번 쭉 둘러보는 것만으로도 여행에 도움이 되는 곳이다. 통합입장권을 구매하면 발권 일주일 내에 길 건너편의 치앙마이 문화센터와 치앙마이 역사 센터를 함께 볼 수 있다.

- **입장료 90밧, 입장시간 8:30~16:30, 휴관일 월~화요일, 국경일, 올드시티 성 안쪽 삼왕상 맞은편 위치**

박물관 정문을 바라보고 우측에 있는 건물은 박물관 카페다. 카페가 넓고 쾌적하며 식사, 음료 메뉴를 다양하게 판매한다. 쉬었다 가기 좋다. 박물관 뒤편에 자리한 파란색 2층 건물은 치앙마이 사진의 집 Chiang Mai House of Photography. 2층이 치앙마이와 태국 북부지역과 관련한 사진 작품을 전시하는 갤러리다.

- **입장료 없음, 입장시간 8:30~16:30, 휴관일 토~일요일**

치앙마이 문화 센터의 야경

치앙마이 문화 센터 Chiang Mai Cultural Centre

올드시티의 중심이라 할 수 있는 삼왕상 바로 뒤에 위치한 건물이다. 삼왕상 중 가운데가 란나 왕조의 태조인 망라이 왕, 왼쪽이 파야오의 응암므앙 왕, 오른쪽이 수코타이의 람캄행 왕이다. 망라이 왕이 란나 왕조를 세울 때 양쪽의 두 왕이 왕국의 건설을 돕고 지지했다고 한다. 이곳은 선사시대부터 오늘날에 이르는 치앙마이의 역사를 모형과 시청각 자료를 통해 소개한다. 특히 란나 왕국 말기를 포함한 근현대사에 초점이 맞춰져 있다. ㅁ자의 중정이 있는 구조로 1~2층에 걸쳐 전시관이 있으며 내부에 카페, 소품숍 등이 있다.

- 입장료 90밧, 입장시간 8:30~16:30, 휴관일 월~화요일, 국경일, 올드시티 성 안쪽 삼왕상 바로 뒤 위치

치앙마이 역사 센터 Chiang Mai Historical Centre

이웃한 두 박물관보다 규모는 훨씬 작은 편이지만 란나 왕국과 전후 역사, 주변국들의 상황에 대해 자세히 안내한다. 특정 유물이나 입체적인 시각 자료는 부족한 편이지만 지도와 그림, 텍스트(영어)를 통해 관람객의 이해를 돕는다.

1층 복도 끝으로 향하면 점차 경사가 낮아지면서 땅속으로 들어가는 느낌이 드는데 이때 유리로 된 벽 바깥으로 보이는 지층은 란나 왕국이 쌓은 성벽의 흔적이다.

- 입장료 90밧, 입장시간 8:30~16:30, 휴관일 월~화요일, 국경일, 올드시티 성 안쪽 삼왕상 바로 뒤 위치

치앙마이 역사 센터

쁜반 도서관

치앙마이 역사 센터 1층 로비와 복도로 연결된 2층의 건물은 푼반 도서관Fuenban Library이다. 1층에 서가가 있고 2층은 책을 읽거나 휴식할 수 있는 공간이다. 역사와 예술 분야의 책을 주로 갖추고 있는데 태국어를 모르는 외국인이 읽을 만한 책이 드물다. 다만 잠시 쉬어가기에는 괜찮은 장소다.

- 입장료 없음, 입장시간 8:30~16:30, 휴관일 월~화요일, 국경일

란나 전통가옥 박물관 Lanna Traditional House Museum

박물관이라기보다 공원 같은 곳이다. 다양한 양식의 란나 전통 건물 12채가 일정한 간격을 두고 세워져 있다. 치앙마이와 근교 도시에서 옮겨온 실제 가옥들로 건축 시기, 거주자 신분, 건축 용도에 따라 다채로운 스타일로 지었다. 최소 100년 이상 된 건물이 대부분이다. 모든 건물은 내부까지 들어가 볼 수 있으며 건물 안팎으로 영어 설명이 상세하게 되어 있다. 스마트폰으로 입장권에 새겨진 바코드를 찍으면 모바일 기기를 통해서도 각 건물의 소개를

란나 전통가옥 박물관

접할 수 있다. 한적하고 고풍스러운 분위기라 한 번쯤 둘러볼 만하다.

- 입장료 100밧, 입장시간 8:30~16:30, 휴관일 월요일, 국경일, 치앙마이대학교 후문에서 왓 수안독 방면으로 1km 위치

고산족 박물관 Highland People Discovery Museum

태국 북부 지역에 흩어져 살고 있는 대표적인 10개의 고산족에 대해 소개한다. 가장 많은 수의 카렌족을 비롯해 몽, 미엔, 리수, 라후, 아카, 틴 족 등 부족별 전통 의상과 풍습, 역사, 생활 도구 등을 전시한다. 주변에 큰 호수와 공원 등이 있어 산책하기에도 좋다.

- 입장료 없음, 입장시간 8:30~16:00, 점심시간 12:00~13:00, 휴관일 토~일요일, 왓 쳇욧 북쪽 국립 치앙마이 박물관에서 북쪽으로 2.2km 위치

쾌적하고 편하게
쇼핑몰

더운 날씨에 가장 쾌적하게 쉴 수 있는 곳이 대형쇼핑몰이다. 어쩌면 치앙마이에 머물며 가장 자주 들락거릴 수 있는 장소다.

마야 라이프스타일 쇼핑센터 Maya Lifestyle Shopping Center
님만해민을 대표하는 쇼핑몰. 짧게 '마야몰'이라 부르며 현지인들은 '메이야'라고 발음한다. 지하에는 다양한 식료품을 깔끔하게 진열해 판매하는 림삥Rimping 슈퍼마켓이 있고 푸드코트는 지하와 4층에 있다. 레스토랑은 3~4층에 분포해 있다. 3층에는 통신사를 비롯해 삼성모바일, 샤오미 등 전자제품 매장이 있다. 5층에는 디지털 노마드들이 이용하는 카페로 유명한 캠프CAMP와 극장이 있다. 마야몰 옥상인 6층 님만 힐에서는 도이 수텝과 님만해민 일

마야몰

대 전망을 내려다볼 수 있다. 1층 스타벅스는 택시 기사나 송태우 기사들과의 '만남의 장'으로 통한다.

- 영업시간 매일 10:00~22:00, 님만해민 위치

원 님만 One Nimman

광장을 중앙에 두고 아케이드형으로 지어진 유럽풍 쇼핑몰이다. 안팎을 자유롭게 드나들 수 있는 구조로 의류와 기념품, 스파SPA 제품 등을 취급하는 브랜드 매장과 카페, 서점, 푸드코트 등이 입점해 있다. 광장에서는 요일별로 요가, 스윙, 살사 등의 무료 원데이 클래스가 열린다.

- 영업시간 매일 11:00~21:00, 님만해민 위치

센트럴 페스티벌 Central Festival

님만해민과 올드시티에서 꽤 떨어져 있지만 RTC 버스의 종점이자 주변에 한국인이 선호하는 디콘도 사인, 에센트빌 등의 콘도가 밀집해 있어 이용률이 높다. 마야몰보다 규모가 크며 쾌적한 분위기라 쇼핑과 외식, 휴식을 즐기기 좋다. 지하 1층과 4층에 푸드코트가 있으며 1층과 4, 5층에 식당가를 비롯해 통신사, 카메라 매장, 환전소, 우체국, 서점 등이 입점해 있고 지하 1층에 슈퍼마켓 센트럴 푸드 홀이 있다.

- 영업시간 월~금요일 11:00~21:00 주말 10:00~22:00, 도심 외곽 위치

원 님만

센트럴 페스티벌

도심 바깥쪽에 산다면

항동이나 공항 주변에 숙소가 있다면 공항과 가까운 센트럴 플라자 치앙마이 에어포트Central Plaza Chiangmai Airport가 편하다. 두 달 이상의 장기 숙박을 하거나 산깜팽 쪽에 머무른다면 태국의 코스트코로 불리는 창고형 매장 마크로Makro Chiang Mai를 추천한다. 마크로와 가까운 곳에 우리나라 이마트와 비슷한 분위기의 빅시 엑스트라Big C Extra 마트도 있다.

아이와 함께라면

마야몰 4층, 센트럴 페스티벌 5층, 센트럴 플라자 치앙마이 에어포트 4층에는 아이들이 뛰어놀 수 있는 놀이방 형태의 키즈카페가 있다.

센트럴 플라자 치앙마이 에어포트

쿠킹 클래스

부담 없는 배움의 즐거움
클래스

치앙마이에서의 시간을 조금 더 특별하게 만드는 방법은? 내게 익숙하지 않은 무엇인가를 배우는 즐거움이다. 잘해야 한다는 부담 없이 그저 배우는 기쁨과 소소한 성취를 느낄 수 있는 다양한 클래스를 소개한다.

쿠킹 클래스

치앙마이에는 수많은 쿠킹 클래스가 운영 중이다. 예약 방법은 다양하다. 직접 방문할 수도 있지만 여행 앱(에어비앤비, 와그, 마이리얼트립, 클룩, 케이케이데이 등), 직접 전화, 여행사 등 다양한 방법을 통해 쿠킹 클래스 예약을 할 수 있다. 여행 앱이나 인터넷 검색란에 '치앙마이 쿠킹 클래스'만 검색해도 수많은 업체들이 나온다. 원하는 날짜가 있다면 최소 2~3일 전에 예약을 하는 편이 좋다. 가격은 업체마다 조금씩 다르지만 평균적으로 1,000~1,500밧으로 우리 돈으로 3~5만 원 선. 모든 재료비와 수강료, 픽업 및 샌딩 차량비가 포함된다.

∨ **어떻게 진행되나**

보통 숙소까지 전용 차량이 픽업을 온다. 클래스에 가기 전에 근처 시장부터 들러 당일 요리할 음식에 주로 쓰이는 식재료를 알려준다. 이후 클래스에 도착하면 전반적인 설명을 들은 뒤 요리를 시작한다. 요리는 4~6가지를 만들며 보통 가벼운 전채요리로 시작해 볶음, 국물류의 본식, 전통 디저트로 마무리한다. 전채요리로는 솜땀이나 얌운센 등 샐러드를 만든다. 메인요리로는 그린 커리나 레드 커리 등의 태국식 커리 요리, 팟타이나 카우팟 등의 볶음 요리, 똠얌꿍 등의 국물 요리를 주로 만든다. 디저트로는 주로 망고라이스나 바나나 코코넛밀크 등을 만든다. 대부분 태국 대표 요리를 만드는데 란나 푸드, 즉 태국 전통 북부 요리를 배울 수 있는 쿠킹클래스도 있다. 4~6명 정도가 한 테이블을 쓰며 각자의 도마와 칼, 화구가 준비된다. 내가 만든 음식은 내가 먹는다.

거의 모든 클래스가 영어로 진행되는데 요리를 보고 따라하는 데는 큰 어려움이 없다. 특히 요리를 자주 해봤다면 태국 요리라 해도 쉽게 배울 수 있다. 한국인이 많이 찾는 업체들의 강사들은 한국어를 섞어 말하기도 한다.

∨ **어디서 배울까**

마마 노이 타이 쿠커리 스쿨 Mama Noi Thai Cookery School
쿠킹 클래스가 외곽에 있고 정원을 잘 가꾸어놓아 자연친화적 분위기에서 요리를 배울 수 있다. 한국인들에게 인기가 많다.
홈페이지 www.mamanoicookeryschool.com

아시아 시닉 타이 쿠킹 스쿨 Asia Scenic Thai Cooking School
한국인뿐 아니라 전세계 여행자들에게 인기가 많은 쿠킹 클래스다. 치앙마이 도심 내에 쿠킹 클래스와 근교 농장에 갖춘 클래스를 별도로 운영해 예약

시 원하는 곳을 선택할 수 있다.
홈페이지 www.asiascenic.com

그랜드마스 홈 쿠킹 스쿨 Grandma's Home Cooking School

정원을 아름답게 가꾼 쿠킹 클래스다. 근교에 있지만 리조트처럼 안팎으로 쾌적한 분위기를 자랑해 한국인들에게 인기가 높다.
홈페이지 www.grandmascookingschool.com

> **음료 클래스도 도전해볼까?**
>
> 커피 산지가 지척인 치앙마이에서는 일부 카페에서 커피 원데이 클래스를 연다. 정기적인 강좌라기보다는 일회성 이벤트로 열리는 경우가 많다. 다만 여행 앱 에어비앤비에는 전문 바리스타의 커피 원데이 클래스나 치앙마이 유명 카페 투어 등의 체험 프로그램이 꽤 많이 운영되고 있다. 비정기적으로 홈카페 클래스를 운영하는 곳으로는 이너프 포 라이프 Enough for Life가 있다. 태국식 커피와 음료, 디저트를 만들고 맛볼 수 있다. 인스타그램에서 'enough for life'를 검색하면 된다.

외국어 클래스

보름이나 한 달 동안 외국어를 배우며 새로운 언어를 익히고 외국인 친구를 사귀는 특별한 경험을 해보자. 치앙마이에 있는 어학원에서는 주로 태국어와 영어를 배울 수 있다. 초보자 코스는 보통 보름에서 한 달 코스로 운영되며 가격은 학원마다 다르나 30시간 기준 그룹 수업은 평균 2,500~3,000밧(10만 원 선)이며 1:1 수업은 15,000밧(57만 원 선) 이상이다.

∨ 어디서 배울까

치앙마이대학교 언어교육원 Language Institute Chiang Mai University

단기 영어 강좌는 없고 외국인을 대상으로 한 15일 과정의 태국어 비기너 코스 Beginner Thai language class를 운영하고 있다. 매달 15일씩 운영되며 달마다 시작일이 다르다. 홈페이지를 통해 스케줄을 확인한 후 방문 등록하면 된다. 1년 코스의 태국어 심화과정도 있는데 수강하면 1년 동안 태국에서 머물 수 있는 교육비자를 발급받을 수 있다.

YMCA 치앙마이 어학원 YMCA Language School Chiangmai

태국어, 영어 강좌가 개설된 학원이다. 한 달 코스로 주 3회, 총 30시간의 수업을 들을 수 있으며 주로 대화에 초점이 맞춰져 있다. 언어별로 8단계까지의 수업이 있으나 그룹 수강의 경우 수강인원이 5명 이하일 경우 폐강된다. 1:1 수업도 가능하지만 그룹 수업보다는 당연히 비싸다. 이곳은 교육비자를 발급하지 않는다.

NES 어학원 NES Study Abroad

한국인에게 초등학생 자녀의 단기 영어 수업 학원으로 알려져 있다. 어린이 대상뿐만 아니라 성인 대상 강좌도 운영한다. 15일 코스로 총 30시간의 영어, 태국어 강좌가 개설되어 있으며 1:1 수업도 가능하다. 1년 코스의 태국어 심화 과정을 수강하면 1년간 체류 가능한 교육비자를 발급받을 수 있다.

CEC 어학원 CEC Language School

NES 어학원과 함께 어린이 영어 수업으로 유명한 곳이다. 이곳 역시 성인 대상 강좌를 운영한다. 총 5~10회, 15~20시간 코스로 단계별 영어 강좌가 개설되어 있다. 태국어 강좌는 교육비자를 위한 1년 코스 등록만 가능하다.

운동 클래스

전문 강사에게 한국보다 저렴한 강습료로 1:1로 운동 수업을 받으며 활력을 찾아보면 어떨까? 보통 1회 1시간~1시간 30분 단위로 이루어지고 10회 코스를 기본으로 하는데 횟수는 강사와 협의해 유연하게 조정할 수 있다.

수영

과외처럼 프리랜서 수영 강사들에게 따로 연락을 취해 시간과 장소를 잡는 경우가 많다. 내가 묵는 숙소 수영장에서 강습할 수 있고 그린힐 수영장(145쪽)에서 배울 수도 있다. 센터 오브 더 유니버스 치앙마이 수영장(145쪽)에는 상주 강사가 있으며 홈페이지(therealcentreoftheuniverse.com)에 명시된 연락처를 통해 예약할 수 있다. 예약 없이 수영장에 갔는데 다른 사람의 수업이 없으면 바로 강습받을 수 있다. 강습비는 보통 1회 1시간에 500밧 선이다.

테니스

직접 테니스 코트를 방문해 선수 출신의 강사에게 수업받을 수 있다. 산띠땀에 있는 SL 테니스 코트SL Tennis Court와 올드시티에서 가까운 토르 테니스 코치Thor Tennis Coach가 한국인에게 잘 알려진 테니스 코트이자 강습 업체다. 라켓을 대여할 수 있고 1회 1시간~1시간 30분 강습료는 500~800밧 선이다.

골프

치앙마이 시내에 있는 골프장으로 공항과 가까운 피만팁 골프 클럽Pimantip Golf Club, 왓 쳇욧 북쪽에 있는 란나 골프 클럽Lanna Golf Club에서 1:1 강습을 받을 수 있다. 시내와는 거리가 있지만 산깜팽에 있는 M 스포츠단지M Sport Complex에서는 골프장보다 20~30% 저렴한 가격에 골프를 배울 수 있다. 강습비는 1시간 평균 1,000밧 정도다.

부악핫 공원 무료 요가

오롯이 내게 집중하는 시간
요가

치앙마이는 세계 각국에서 모여든 장기여행자들 덕분에 요가 인구가 많다. 매트 한 장만 있으면 할 수 있어 진입장벽이 낮고 정신 수양을 동반한다는 데에서 치앙마이와 잘 어울리는 운동이기도 하다.

원 님만 무료 요가 클래스 One Nimman Free Yoga Class
여행자들 사이에서 유명한 무료 요가 클래스로 매주 월요일, 일요일 9시 30분부터 10시 30분까지 원 님만 1층 파빌리온 원 살라 One Sala에서 요가 수업을 진행한다. 요가 매트도 무료로 대여할 수 있다. 인기가 많아서 30분 정도 일찍 도착하는 편이 좋다. 주로 초보자를 위한 요가 동작을 선보이지만 때때로 어려운 동작을 시연할 때도 있다. 무리하지 않는 선에서 요가를 즐기자.

- 홈페이지 www.onenimman.com/event

부악핫 공원 무료 요가 Free Yoga In The Park-Chiang Mai

요가를 즐기는 치앙마이 거주 외국인 교사들을 주축으로 부악핫 공원(131쪽)에서 매일 아침 9시에 열리는 요가 클래스다. 페이스북을 통한 그룹이 형성되어 있으며 페이스북 게시물을 통해 정기 요가 클래스 외의 다양한 요가 이벤트 일정을 확인할 수 있다. 공원에서 요가 매트 크기의 돗자리를 저렴하게 대여할 수 있기 때문에 요가 매트 없이 편한 복장으로 방문해도 괜찮다. 비가 오거나 미세먼지, 더위가 심하면 수업이 취소될 수도 있다.

- 페이스북 https://www.facebook.com/groups/289951174859604

사설 요가원

구글맵에 'chiangmai yoga'라고 검색만 해도 수많은 요가원을 확인할 수 있다. 보통 5~10회 정기권을 구매할 수 있다. 일회성 참여는 1시간에 평균 200~300밧 선의 가격이며 정기권을 구매하면 약 10% 정도 할인된다.

요가보다 춤을 좋아한다면?

몸도 풀고 친구도 사귀고 싶다면 댄스 원데이 클래스를 추천한다. 기초 스텝부터 알려주기 때문에 어렵지 않게 참여할 수 있다. 스윙, 탱고, 살사, 라틴 댄스 클래스가 님만해민에 위치한 쇼핑몰 원 님만에서 열리니 원하는 댄스 종목과 시간에 맞춰 원 님만 광장에 방문해보자. 보통 금요일과 토요일 오후에 열리는데 정확한 스케줄은 홈페이지(www.onenimman.com/event)에서 확인한다.

1일 1마사지는 기본
마사지

태국 전통 마사지는 몸의 에너지 순환을 돕고 근육을 이완시키는 데 목적을 둔다. 태국에서 숙련된 마사지사들은 '치료사' 대우를 받는다. 마사지사는 자신의 양손과 팔꿈치, 무릎, 발 등을 이용해 누르기, 주무르기, 두드리기, 구부리기 등의 기술을 조합해 마사지한다. 간단하게 발 마사지만 받을 수도 있지만 보통은 1시간가량의 전신 마사지를 많이 받는 편이다. 마사지숍에 들어가면 찜질방 옷처럼 품이 넉넉한 상하의를 빌려준다. 마사지 가격은 천차만별인데 보통 시내 중급 마사지숍의 전신 태국 마사지는 1시간에 300~400밧 선이다. 호텔 스파나 고급 마사지숍은 1시간에 1,200밧 이상이다.

왓 판우앤 타이 마사지 Wat Pan Whaen Thai Massage
작은 사원인 왓 판우앤 안에 자리한 마사지숍이다. 나무망치로 몸을 두드리는 똑센tok sen 마사지가 특히 유명해서 사원 내에 들어서면 낭랑한 나무망치 소리가 들려온다. 언제부터인가 입소문이 나서 현지인, 외국인들로 늘 문전성시다. 사방이 트인 실내에서 여러 명이 동시에 받기 때문에 조용하게 쉬어 갈 수 있는 분위기는 아니다.

- 영업시간 9:00~18:00, 국경일 휴무, 올드시티 위치

아로까야 마사지 Arokaya Massage
흔히 왓 마하완 Wat Mahawan 마사지로 불린다. 타패 게이트와 가까운 곳에 위치한 작은 사원 왓 마하완 내에 마사지숍이 있다. 이곳 역시 나무망치로 몸을 두드리는 똑센 마사지가 유명하다. 넓은 강당 같은 실내에서 여러 명이 동시에 마사지를 받기 때문에 노천 마사지나 다름없다.

  - 영업시간 9:00~20:00, 국경일 휴무, 올드시티 위치

삐꿀 타이 마사지 Pikul Thai Massage
님만해민에 위치한 작은 마사지숍으로 두 명의 여성 마사지사가 상주한다. 좁은 공간이지만 마사지사들이 매우 친절하며 마사지에 들이는 정성이 느껴진다. 뭉치거나 경직된 부분을 집중적으로 마사지해준다.

  - 영업시간 10:00~22:00, 비정기적 휴무, 님만해민 번화가 위치

라 타이 마사지 Lar Thai massage
한국인들 사이에 알음알음 소문난 1인 마사지숍으로 마사지사 라 Lar가 홀로 손님을 맞이한다. 하루에 정해진 인원만 받고 기본 마사지가 2시간이기 때문에 예약은 필수다. 몸에 부담을 주지 않는 적절한 힘으로 뻣뻣해진 관절과 근육을 부드럽게 풀어주는 마사지로 유명하다.

  - 영업시간 9:00~19:00, 비정기적 휴무, 예약 www.facebook.com/lar.massage, 산띠탐 위치

쿤카 마사지 Khunka Massage
한국인이 운영하는 마사지숍으로 주로 압력이 센 마사지를 선호하는 한국인에게 잘 맞는다. 한국인 사장과 소통으로 원하는 서비스를 세심하게 받을 수 있고 주변 마사지숍 시세와 비교해 가격도 합리적인 편이다.

  - 영업시간 매일 10:00~21:00, 올드시티 위치

힘도이 마사지 Himdoi Massage

작지만 실력 있는 마사지숍이다. 몸을 만져보고 뭉친 부분을 파악해 집중적으로 마사지해주고 평소 생활습관에 대한 조언도 아끼지 않기 때문. 가격도 저렴한 편이다.

- 영업시간 매일 10:00~20:00, 반깡왓, 왓 우몽 정문 앞

블리스 마사지 Bliss Massage

한국인에게 소문난 '마사지 잘하는 집'이다. 소위 '초짜' 마사지사 없이 경력 많은 마사지사들이 있어 뭉친 근육을 잘 풀어주는 편이다. 발마사지를 추천한다.

- 영업시간 매일 9:30~22:30, 올드시티와 삥강 사이에 위치

주의할 점

위생 관리가 허술한 업소에서의 마사지는 주의해야 한다. 일부 마사지숍은 오래된 마사지 오일을 쓰거나 제대로 손을 씻지 않고 마사지를 해 손님이 피부 감염 질환을 얻는 경우가 있다. 모낭이나 벌레에게 물린 부위, 상처 부위 등을 통해 피부에 침투한 세균이 염증을 일으키는 봉와직염이 대표적이다. 또한 척추질환자는 등 마사지를 받지 않는 편이 좋으며 몸이 건강한 사람이라도 과한 자극에 의한 근육 손상이 올 수 있으므로 통증이 느껴지면 즉각 마사지사에게 "바오바오(약하게)"라고 말하자.

마사지를 배워보고 싶다면

치앙마이 시내 안팎에 여러 곳의 마사지 스쿨이 있다. 비용은 클래스마다 다르지만 10시간 이하의 단기 코스는 대략 10만 원이며 30시간 기준 평균 20~30만 원 정도다. 대부분 영어로 진행된다. 인터내셔널 트레이닝 마사지 스쿨 International Training Massage School(ITM), 타이 마사지 스쿨 시바가코마르파즈 thai massage shivagakomarpaj, 사바이 디 까 마사지 스쿨 Sabai De Ka Massage School을 추천한다.

칸똑 쇼

색다른 경험을 하고 싶다면
공연·경기

관광도시인 만큼 밤의 볼거리도 많은 치앙마이. 야시장 말고 다른 경험을 원한다면 태국에서만 접할 수 있는 대형 공연, 혹은 경기 관람을 해보자.

칸똑 쇼

칸똑Khantok에서 '칸'은 둥근 접시를, '똑'은 작은 밥상을 의미하며 태국 북부 가정식 백반을 가리키는 말이다. 북부식 돼지고기 커리 깽항래, 소시지 사이우아, 돼지껍질 튀김 깹무, 데친 채소, 구운 풋고추와 마늘  로 만든 양념 남쁘릭눔, 토마토와 홍고추와 다진 돼지고기로 만든 남쁘릭옹을 한 쟁반에 담아 밥과 함께 먹는다. 주로 동그란 소반 위에 종류별로 음식을 담아 올려낸다. 칸똑 쇼는 바로 이 밥상을 앞에 두고 저녁식사를 하며 관람하는 태국 전통 공연을 일컫는다. 화려한 의상이 돋보이는 북부지역의 전통춤을 비롯해 무예와 결합한 춤, 고대 인도의 대서사시인 라마야나의 영향을 받은 춤 등이 1시간가량 이어진다. 가격은 700밧 선. 저녁 7시부터 9시까지 이어지며 예약은 홈페이지, 여행 앱, 여행사를 통해 할 수 있다.

- 올드 치앙마이 컬처럴 센터 홈페이지 https://oldchiangmai.com

무에타이 경기

매일 밤 치앙마이 시내 여러 곳의 무에타이 경기장에서 경기가 열린다. '무에타이 쇼'라고도 불리는데 시내 곳곳의 무에타이 도장에서 실력을 닦아온 아마추어 선수들이 출전해 제법 치열한 경기가 펼쳐진다. 남녀 체급별로 7~8매치가 이어지며 각 3라운드씩 승부를 겨룬다. 보통 오후 9시부터 시작해 자정까지 경기가 계속되는데 자리에 따라 가격이 다르다. 올드시티 내의 타패 복싱 스타디움Thaphae Boxing Stadium과 산띠땀 지역의 치앙마이 복싱 스타디움Chiangmai Boxing Stadium이 가장 유명한 무에타이 경기장이다. 여행 앱, 여행

타패 복싱 스타디움

사를 통하거나 경기장에 직접 방문해 예약할 수 있다.

- 타패 복싱 스타디움 홈페이지 https://www.muaythaistadium.com/thapae-stadium
- 치앙마이 복싱 스타디움 홈페이지 https://sites.google.com/xsorying.com/bookking/new

무에타이를 배워보자!

치앙마이를 비롯한 태국 전역의 많은 체육관에서 무에타이를 배울 수 있다. 1회 강습료는 400밧 전후. 운동 신경이 좋다면 단 1회 강습만으로도 어느 정도 감을 익힐 수 있고 경기 관전만 하더라도 더 잘 알고 볼 수 있기에 유익하다. 치앙마이 무에타이 짐Chiangmai Muay Thai Gym, 헤비 힛 복싱 짐 치앙마이Heavy Hit Boxing Gym Chiang Mai를 추천한다.

트랜스젠더 쇼

흔히 카바레 쇼 혹은 드래그퀸 쇼라 불리는 트랜스젠더 쇼, 레이디보이 쇼는 태국의 밤문화를 대표하는 공연이다. 그중에는 선정적인 성인 공연도 있지만 어린이도 볼 수 있는 무난한 공연도 있으며 화려한 복장과 무대효과를 보는 재미가 쏠쏠하다. 치앙마이는 방콕이나 파타야만큼 트랜스젠더 공연이 많지는 않다. 치앙마이에서는 다음 두 곳이 가장 유명하다.

미라클 카바레 Miracle Cabaret Chiang Mai

트랜스젠더, 레이디보이로 이루어진 배우들이 유명 가수나 유명 공연 혹은 영화 속 장면을 재현한다. 배우들의 복장과 화장이 워낙 화려해 지루할 틈이 없다. 무대 연출과 음향도 여느 대형 뮤지컬 부럽지 않다. 현란한 댄스와 표정 연기가 돋보인다. 여행사와 여행 앱을 통해(미라클 카바레 쇼를 검색) 약 2만 원에 입장권을 구매할 수 있다.

- 영업시간 18:00~21:00, 비정기적 휴무, 산띠탐 위치

람바 Ram Bar Chiangmai

공연이 없을 때는 주점이지만 매일 밤 드래그퀸 쇼가 열린다. 드래그퀸이란 여성적 복장을 과장되게 차려입는 행위인 드래그drag를 하는 남성을 가리킨다. 태국에선 흔히 레이디보이나 트랜스젠더가 배우로 무대에 선다. 공연은 오후 10시부터 11시까지 1시간가량 진행되며 립싱크, 다양한 댄스 쇼로 이루

어지는데 분장도 뛰어나고 공연의 짜임새도 탄탄하다. 자리를 잡으려면 기본적으로 1인 1주류를 주문해야 한다.

- 영업시간 19:00~24:00, 비정기적 휴무, 올드시티 타패 게이트 밖 위치

모멘츠 노티스 재즈 클럽

음악과 함께하는 즐거운 시간
라이브바

치앙마이 도심의 밤은 음악 소리로 가득하다. 라이브바부터 크고 작은 레스토랑, 카페, 호텔에 이르기까지 수많은 업소에서 라이브밴드가 공연한다. 많은 라이브밴드가 여러 업소를 돌면서 공연하기 때문에 음악은 비슷한 느낌이 들기도 한다. 오롯하게 공연만을 감상하기보다 바에서 음료도 즐기고 사람들과 즐거운 시간도 보내면서 라이브 음악을 곁들인다고 생각하자.

모멘츠 노티스 재즈 클럽 Moment's Notice Jazz Club
규모는 작지만 실력파 로컬 연주자들이 공연하는 클럽이다. 실내가 좁지만 좌석이 계단식이라 일단 자리를 잡으면 공연에 집중할 수 있어 좋다. 어쿠스틱, 재즈, 보사노바가 주 장르. 업라이트 피아노가 비치되어 있어 낭랑한 피아노 연주를 항상 들을 수 있다는 점도 매력이다. 전반적으로 차분한 분위기.

- 영업시간 18:00~24:00, 월요일 휴무, 삥강 근처 위치

더 멜로우십 재즈 클럽 The Mellowship Jazz Club
실내가 넓고 고급스런 분위기로 식사도 즐길 수 있는 레스토랑 겸 바. 매일 저녁 8시부터 재즈 공연이 있다. 보컬이 있는 경우가 많으며 전반적으로 잔

잔한 분위기다. '분위기 있는 장소'를 찾는다면 일부러 방문해도 좋을 만한 곳이다.

- 영업시간 17:00~24:00, 비정기적 휴무, 치앙마이대학교 후문 근처 위치

더 노스 게이트 재즈 코업 The North Gate Jazz Co-Op

매일 밤 8시부터 자정까지 라이브 연주가 있는 바. 장르는 재즈, 어쿠스틱, 블루스, 레게, 펑크 등 다양하다. 대로변을 향해 실내가 탁 트인 구조라 길을 오가던 사람들도 인도에 선 채 공연을 보는 자유로운 분위기다. 매주 화요일은 악기를 연주할 줄 아는 누구나 참여할 수 있는 잼데이로 다양한 악기의 조합이 만든 재즈 선율을 감상할 수 있다. 여행자들 사이에는 화요일은 무조건 '노스 게이트'라는 공식이 성립할 만큼 유명해서 화요일은 저녁 7시부터 자리를 잡고 공연을 기다리는 사람들이 많다.

- 영업시간 19:00~24:00, 비정기적 휴무, 창푸악 게이트 근처 위치

더 멜로우 재즈 클럽

더 노스 게이트 재즈 코업

더 타패 이스트 The Thaphae East

실력파 로컬 연주자들이 자주 공연하며 실내 좌석과 야외 좌석을 두루 갖춘 바다. 무대와 좌석 간의 단차가 없고 실내 분위기가 아늑해서 공연에 집중할 수 있다. 야외 좌석은 음악을 귀로 들으며 두런두런 이야기 나누기 좋다. 공연팀의 라인업이 더 노스 게이트 재즈 코업과 많이 겹치는 편. 공연은 오후 8시나 9시부터 시작해 자정 가까이 이어진다.

- 영업시간 18:30~24:00(일요일은 23:30까지), 비정기적 휴무, 타패 게이트 근처 위치

보이 블루스 바 Boy Blues Bar

나이트 바자 안에 있는 루프탑바. 블루스와 컨트리송을 주로 들을 수 있는 바. 음악 장르 때문에 백인 중장년층 손님이 압도적으로 많다. 어깨를 들썩일 만큼 흥겨운 음악을 자주 연주한다. 공연하는 밴드들의 실력이 대체로 뛰어나다는 평이다. 월요일은 '오픈 마이크 데이'로 무대에 서고 싶은 누구에게나 열려 있다. 물론 미리 신청한 후 리허설을 해야 한다.

- 영업시간 20:00~24:00, 일요일 휴무, 나이트 바자 내 위치

더 타패 이스트

보이 블루스 바

조 인 옐로 바 앤드 나이트 클럽

뜨겁게 밤을 불태우고 싶다면
클럽

뜨거운 밤을 보내고 싶다면 춤출 수 있는 라운지를 갖춘 클럽이 있다. 대부분 자정에 문을 닫으며 늦게까지 영업하는 클럽도 새벽 2시면 파장이다. 단 어느 클럽이나 그렇듯 시끄럽고 어두우며 주류를 판매하는 곳이기 때문에 도난과 시비, 성추행, 마약 등에 주의해야 한다.

조 인 옐로 바 앤드 나이트 클럽 Zoe in Yellow Bar & Night Club
치앙마이에서 가장 유명한 클럽이다. 자칭 '클러버'라면 치앙마이에 방문한 이상 이곳을 거치지 않을 수 없다. 분위기가 고조되는 10시 무렵부터는 클럽 바깥의 길까지 춤추는 인파로 넘쳐난다. 클럽 주변에 바들이 모여 있는데 사람들은 손에 병맥주를 든 채 여러 곳을 자유롭게 드나든다.

- 영업시간 17:00~24:00, 비정기적 휴무, 올드시티 내 위치

캔디 클럽 앳 할리우드 Candy Club at Hollywood
'캔디바'라고 부르는 클럽으로 조 인 옐로 바 앤드 나이트 클럽이 폐장하면 더 늦게까지 운영하는 이곳으로 클러버들이 몰린다. 병맥주 한 병에 120밧으로 알콜 음료 대부분이 현지 물가 대비 굉장히 비싼 가격이지만 새벽까지 '달리고' 싶은 청춘들에게는 다른 선택권이 없다. 특히 치앙마이 젊은이들에게는 '핫플'로 통하는 클럽이다.

- 영업시간 22:00~2:00, 월요일 휴무, 올드시티 내 위치

더 스파이시 The Spicy
이곳 역시 새벽 2시까지 영업해서 자정 이후 손님이 많이 몰리는, 소위 '2부 클럽'이다. 150밧의 입장료가 있으며 한 가지의 무료 음료를 마실 수 있다. 밤마실을 좋아하는 치앙마이 여행자들은 보통 조 인 옐로, 캔디바, 더 스파이시, 세 곳을 모두 도는 경우가 많아서 계속 같은 얼굴들을 볼 가능성이 높다.

- 영업시간 매일 20:00~2:00, 올드시티 타패 게이트 근처 위치

인피니티 클럽 Infinity Club
클럽 하면 떠오르는 이미지에 부합하는 곳. 넓은 실내에 무대와 라운지가 있고 테이블 좌석도 많다. 치앙마이의 DJ들이 디제잉을 하고 라이브 록밴드도 자주 무대에 선다. 자정 전에 가면 캐주얼한 분위기며 자정을 전후해 음악의 템포가 빨라지고 장내 분위기가 고조된다. 공식적으로 문 닫는 시간은 자정이지만 보통 새벽 3시까지 문을 연다.

- 영업시간 18:00~22:00, 비정기적 휴무, 님만해민 위치

구석구석 느긋하게
산책

인도가 넓지 않은 치앙마이 도심에선 호젓하게 산책하기가 쉽지만은 않다. 도심의 자연을 만끽하며 한적하게 걷고 쉴 수 있는 산책 장소로 삥강 주변과 공원을 추천한다.

공원

치앙마이에는 서울 한강공원이나 뉴욕 센트럴파크처럼 도시를 상징할 만한 큰 공원은 없다. 여기서 소개하는 공원 두 곳은 규모는 작지만 가볍게 산책하거나 잠시 앉아서 쉬기에는 괜찮다.

부악핫 공원 Buak Hard Public Park

치앙마이를 대표하는 정원형 공원으로 연못과 분수, 꽃밭, 잔디밭으로 이루어져 있다. 관리가 잘되어 아기자기하고 깔끔하다. 매년 2월 초순에 열리는 치앙마이 꽃 축제 Chiang Mai Flower Festival의 주 행사장이기도 하다. 축제 기간에는 꽃과 나무를 재료로 만든 화려한 작품을 공원에서 볼 수 있다. 잔디밭이 여러 구역에 걸쳐 있어 돗자리를 깔고 요가, 독서, 낮잠을 즐기는 사람들이 많다. 돗자리는 공원 내 상가에서 15밧에 대여할 수 있다.

프린세스 마더스 헬스 가든 Princess Mothers Health Garden

부악핫 공원보다 규모는 크지만 잘 정돈된 느낌의 공원은 아니다. 잔디밭이 없고 벤치가 많은 편은 아니라서 어딘가 앉아 오랫동안 휴식할 만한 환경은 아니다. 조깅이나 산책을 하기에 괜찮다. 공원 내부의 큰 건물은 치앙마이대학교 컨벤션 센터이며 건물 뒤편에 다양한 약초와 산야초를 심어둔 약용식물원 Medicinal Plant Garden이 있다. 식물 연구용으로 가꾸는 정원인데 누구나 둘러볼 수 있다. 공원 정문 앞에 태국 음식을 파는 깔끔한 푸드코트가 있다.

프린세스 마더스 헬스 가든

뻥강

뻥강 Ping River

치앙다오에서 발원한 뻥강은 치앙마이를 관통해 방콕을 향해 흐른다. 사실 관광객들에게 뻥강은 주목도가 높은 관광지는 아니다. 건기 때는 폭이 50m 내외로 좁고 강변에 산책로나 공원도 없기 때문에 굳이 들를 필요는 없다. 그럼에도 불구하고 강변에 자리 잡은 레스토랑과 카페들의 분위기는 확실히 도심 골목과는 다른 정취가 있고 작은 보트를 타고 강을 유람하노라면 나름의 청량한 쾌감이 느껴진다.

매 뻥 리버 크루즈 Mae Ping River Cruise
뻥강에서 여러 대의 관광 보트를 운영하는 크루즈업체이자 선착장 이름이다. 구글맵에 업체명을 검색하면 선착장이 표시된다. 선착장은 사원 왓 차이

삥강의 크루즈

더굿뷰

몽꼴 Wat Chai Mongkol 안쪽에 있다. 보트는 오전 9시부터 오후 5시까지 한 시간에 한 번, 정시에 선착장을 출발한다. 한 번에 태우는 인원은 10명 안팎. 북쪽으로 강을 거슬러 올라간다. 둑이 높거나 강변도로가 있어 도심 풍경이 잘 보이진 않는다. 강변에 위치한 카페, 식당, 호텔 등을 지나면 제법 울창한 숲이 나오고 30분쯤 달려 작은 선착장에 정박하면 '농부의 집'이라는, 업체가 운영하는 레스토랑 겸 카페, 기념품숍이다. 그곳에서 무료로 제공하는 다과를 먹으며 잠시 쉬었다가 다시 선착장으로 돌아간다. 오후 4시나 5시 크루즈를 추천한다. 해 저물 녘의 삥강 정취를 만끽할 수 있다. 업체에서는 디너 크루즈와 란나 왕국의 초기 도읍인 위앙꿈깜을 돌아보는 위앙꿈깜 트립 코스도 운영한다.

- 이용료 성인 550밧, 소요 시간 총 2시간

더 굿 뷰 The Good View

저녁이면 자리가 없어 밖에서 기다려야 할 정도로 인기 많은 레스토랑. 강변에 위치해 삥강 풍경을 바라보며 식사할 수 있다. 메뉴는 태국식부터 서양식, 일식까지 매우 다양하다. 가격은 다소 비싼 편이지만 맛은 대체로 평균 이상이다. 인기 메뉴는 독일의 족발 요리인 학센. 저녁 8시부터는 실내 무대에서 라이브 밴드의 공연이 있다. 전체적으로 시끌시끌한 분위기다.

- 영업시간 매일 17:00~2:00, 와로롯 시장 근처

더 갤러리 The Gallery

더 굿 뷰와 이웃한 음식점이다. 더 굿 뷰보다 훨씬 조용하고 한적하다. 실내는 빈티지한 인테리어가 돋보이고 테라스 좌석은 강을 바라보며 은은한 조명 아래서 식사할 수 있다. 전체적으로 고급스런 분위기다. 메뉴는 카우팟, 팟타이, 똠얌꿍, 카우소이, 쁠라톳 등 다양한 태국 전통 음식이다. 가격은 비싼 편이지만 직원들이 매우 친절하다.

- 영업시간 12:00~22:00, 일요일 휴무, 와로롯 시장 근처

EFEO 리서치 센터와 도서관

때로는 조용하고 차분하게
도서관

꼭 책을 읽을 목적이 아니어도 좋다. 가끔은 카페가 아닌 이국의 도서관에서 여유를 가져보면 어떨까?

EFEO 리서치 센터와 도서관 The EFEO Research Centre and Library at Chiang Mai

하노이, 자카르타, 교토, 시엠립 등 아시아 곳곳에 지부를 둔 프랑스 극동학회École Française d'Extrême-Orient에서 치앙마이 지부에 설립한 도서관이다. 삥 강변에 숨은 듯 자리한 도서관은 란나 전통 양식으로 지어진 운치 있는 건물로 시간이 여유롭다면 한 번쯤 들러봄직하다. 외관은 치앙마이 전통이지만 내부는 묘하게 유럽풍의 분위기다. 햇살이 안으로 들어오는 오후 시간의 도서관은 특히 근사하다. 프랑스어와 영어로 쓰인 책이 대부분이며 태국 역사를 비롯해 아시아 국가들의 역사, 문화, 건축, 예술과 관련한 책을 다수 소장하고 있다.

- 입장시간 9:00~16:30, 휴관일 토~일요일, 국경일, 삥강변 위치

TCDC 치앙마이

TCDC 치앙마이

TCDC는 '타일랜드 크리에이티브 앤드 디자인 센터Thailand Creative & Design Center'의 줄임말로 디자인을 테마로 한 문화센터이자 도서관이다. 디자인 라이브러리, 갤러리, 열람실, 카페 등이 한 건물 내에 갖춰져 있다. 2층 디자인 라이브러리에는 디자인을 주제로 한 책들이 건축, 패션, 미술 등 소주제로 분류되어 있다. 대출은 할 수 없고 도서관 내에서 읽을 수 있다. 내부 작업공간이 넓고 좌석마다 콘센트가 있으며 인터넷 속도가 빨라 노트북 작업을 하러 오는 이들이 많다. 데스크에서 여권을 보여준 후 이용료를 내야 출입이 가능하다. 하루 이용료는 100밧, 1년 회원권은 600밧이다.

- 입장시간 10:30~18:00, 휴관일 월요일, 무앙마이 시장 근처 위치

치앙마이대학교 도서관

랏차망갈라 피섹 국립도서관

Ratchamangala Phisek National Library

치앙마이를 대표하는 국립도서관이다. 란나 양식을 본뜬 건물이 얼핏 평범한 관청 건물 같다. 한가롭고 조용한 시간을 보낼 수 있는 장소로 적격이다. 자료실과 시청각실 등 일반인이 주로 이용하는 시설은 1층에 있으며 어린이 서적 열람실에는 한국 서적 코너가 따로 마련되어 있다. 치앙마이 거주 한인들과 여행자들이 기부한 책들로 큰 책장을 가득 채우고 있다. 이용료 없이 누구나 자유롭게 책을 읽고 쉬었다 갈 수 있다.

- 입장시간 9:00~17:00, 휴관일 일~월요일, 수안독 게이트 앞 위치

치앙마이대학교 도서관 Chiang Mai University Library

종합대학교의 중앙도서관인 만큼 규모가 크고 수많은 분야의 자료와 서적을 갖추고 있다. 아쉽게도 한국어로 쓰인 책은 없다. 언제 가도 수많은 학생이 자리를 채우고 있지만 좌석이 많아 독서나 노트북 작업을 하기에 괜찮은 환경이다. 1층에는 신착도서, 간행물, 월별 테마 도서 코너 등이 있으며 넓은 좌석도 있다. 학생들이 삼삼오오 모여 토론을 할 만큼의 캐주얼한 분위기다. 2층부터 4층까지는 분야별 서가를 갖춘 자료실이다. 학생이 아닌 외국인 방문자는 20밧의 입장료를 내고 출입할 수 있다.

- 입장시간 월~금요일 8:00~21:00 토~일요일 10:00~18:00, 휴관일 국경일, 치앙마이대학교 캠퍼스 내 위치

앙깨우 호수

한적하게 캠퍼스 구경
치앙마이대학교

치앙마이대학교, 줄여서 CMU는 면적으로나 상징성으로나 치앙마이에서 큰 비중을 차지하는 교육기관이다. 도심 서쪽에 자리한 4년제 종합대학교로 태국 북부의 명문으로 꼽히며 예술대학의 명성이 높다.

앙깨우 호수 Ang Kaew Lake
호숫가 둘레에 산책로가 조성되어 있고 다른 건물들과 떨어져 있어서 한적하고 평화로운 분위기다. 호수를 병풍처럼 둘러싼 도이 수텝의 풍경도 매력적인 장소다. 특히 해 질 녘 분위기가 아름답다. 호수 앞에 카페가 있어서 음료나 간단한 식사를 할 수 있다.

후문부터 정문까지
캠퍼스 내부를 도보로 구석구석 산책하고 싶다면 다음 코스를 추천한다. 후문(랑모)으로 입장해 정문(나모)로 나오는 코스인데 점심시간에 맞춰가면 좋다. 학생회관에서 저렴하게 식사를 하고 중앙도서관에서 책을 읽고 카페나 편의점에서 커피 한 잔 사서 공원에서 쉬다가 앙깨우 호수에서 석양 속에 산책을 하고 돌아오는 코스다. 3~4시간가량 소요된다.

랑모 Lang Mor (후문)

시계탑 CMU Clock Tower
캠퍼스 중앙 로터리에 자리한 상징적 건축물

학생회관 Student Union
20~40밧의 저렴한 식사

중앙도서관
Chiang Mai University Library
여권을 맡긴 후 내부 출입이 가능

야자수 공원 Palm Park
잠시 쉬어가기 좋은 작은 공원

정치행정학과 건물
Faculty of Political Science and Public Administration

독특한 외관이 눈길을 끄는 건물로 인증샷 찰칵!

앙깨우 호수
산책하기 좋은 호수 둘레길

나모 Na Mor (정문)

나모와 랑모 앞에선 저녁시간이 되면 야시장이 열린다. 나모 야시장은 보세 의류 상점들과 대규모 푸드코트로 이루어져 있고 랑모 야시장은 후문 앞 도로변에 음식 포장마차가 늘어선다. 교내를 도는 보라색 미니셔틀은 학생의 편의를 위한 교내 이동수단이므로 탑승하려고 하면 기사가 제지할 수 있다.

700주년 기념경기장 수영장

더운 날씨엔 최고의 취미
수영

치앙마이에는 수영장을 갖춘 숙소가 수두룩하다. 그러나 숙소 수영장이 없거나 너무 좁다면 탁 트인 야외수영장에서 호젓하게 수영을 즐겨보자.

700주년 기념경기장 수영장 700th Anniversary Stadium
치앙마이를 대표하는 공공 수영장이다. 50m 8개 레인, 최저수심 1.2m에 최고수심 2.75m로 국제표준 규격에 부합한다. 1회 이용시 60밧이며 750밧을 내고 연간회원이 되면 1회 이용료는 30밧이다. 마야몰에서 북쪽(매림) 방면으로 약 5.6km 떨어져 있어 번화가와는 제법 거리가 있다.

- 영업시간 8:00~19:45, 월요일 휴무

루찌라웡 수영장 Rujirawong Swimming Pool

치앙마이대학교 캠퍼스 내의 수영장으로 50m 8개 레인, 수심 2m의 국제표준 규격으로 관리가 잘 이루어지고 있다. 수영장 이용을 위해선 300밧을 내고 회원가입을 해야 하며 가입 후에는 1회 50밧에 이용할 수 있다.

- 영업시간 10:00~18:00 점심시간 12:00~13:00, 월~화요일 휴무

루퍼 수영장 Looper Swimming Pool

창푸악에 있는 사설 야외수영장으로 수질 관리가 잘되고 샤워실, 탈의실 등 부대시설이 잘 갖춰져 있다. 컬러풀한 파라솔과 선베드, 자체 제작한 수영장 기념품 등 감각적인 디자인으로도 여행자에게 인기가 많다. 1회 이용료 250밧이며 50밧을 추가하면 수영장에 있는 카페의 음료 한 잔을 제공한다.

- 영업시간 매일 7:00~21:00

그린힐 수영장 Greenhill Swimming Pool

님만해민에서 가까운 그린힐 리조트에서 운영하는 야외수영장으로 투숙객이 아니어도 이용할 수 있다. 샤워실과 탈의실은 다소 낡았지만 수영장은 넓고 쾌적하다. 1회 이용료는 투숙객은 50밧, 비투숙객은 80밧이다.

- 영업시간 매일 8:00~20:00

센터 오브 더 유니버스 치앙마이 수영장 Centre of the Universe Chiang Mai Swimming Pool and Resort

수영 강사가 상주하고 있어 강습을 받기 위해 찾는 이들이 많은 수영장이다. 리조트 안의 부대 시설처럼 보이지만 숙박보다 수영장을 중심으로 운영되는 곳이다. 수영장 이용료는 2시간에 125밧, 종일 이용료는 250밧이며 현금만 받는다. 개인 강습은 1시간에 500밧이며 10회를 끊으면 4,500밧이다. 치앙마이대학교 정문에서 북쪽으로 2km 떨어져 있다.

- 영업시간 매일 7:00~19:00

산깜팽 온천

의외의 힐링 코스
온천

태국 북부지방에는 지역마다 유명한 온천이 한두 곳씩 자리한다. 더운 나라에서 무슨 온천인가 싶지만 북부의 건기는 아침, 저녁으로 쌀쌀하고 우기에도 다소 한기가 느껴진다. 혹여 더운 날이라고 해도 나들이 삼아 방문하기에 괜찮다.

산깜팽 온천 Sankamphaeng Hot Spring
치앙마이에서 가장 유명하고 큰 유황온천이다. 족욕탕, 독탕, 가족탕, 온천 수영장, 방갈로형 온천 등 다양한 타입의 온천이 있으며 넓은 정원과 마사지숍,

식당, 카페 등이 곳곳에 있어 작은 테마파크처럼 느껴진다. 입장료를 내면 수로 형태로 만들어진 족욕탕을 무료로 이용할 수 있으며 그 외의 온천탕은 타입별로, 시간별로 요금을 지불해야 한다. 탕에 따라 50~500밧 선이다. 자동차로 10분 떨어진 가까운 곳에 룽아룬 온천Roong Aroon Hot Spring도 있는데 시설은 산깜팽 온천보다 낙후되었지만 조용한 분위기를 원한다면 대안이 될 수 있다.

도심에서 산깜팽 온천까지는 자동차로 40분 정도 떨어져 있다. 산깜팽 온천 앞까지 가는 하얀색 미니밴이 와로롯 시장(꽃시장 앞 삥강변)에서 하루 4회 운행한다.

- 미니밴 홈페이지 www.facebook.com/Van.Hotsprings
- 영업시간 매일 7:00~18:00

도이 사껫 온천 Doi Saket Hot Spring

도심에서 람빵 방향으로 자동차로 40분 정도 떨어진 온천이다. 산깜팽 온천보다 규모는 작은데 시설을 보완해 이용자가 느는 추세다. 대중교통을 이용해 가기는 어렵고 택시를 대절하거나 렌트카를 이용해야 한다. 입장료는 없고 온천탕은 타입별로 가격이 다르며 1인당 50~100밧 선이다.

- 영업시간 매일 8:00~19:00

산깜팽 온천

골퍼들의 천국
골프

치앙마이는 한 달 살기로 크게 알려지기 전부터 태국의 골프투어 관광지로 유명했다. 국내 여행사들의 패키지 상품 중에는 치앙마이 골프투어가 많다. 요즘은 골프를 즐기는 청년층이 늘면서 나이 대를 불문하고 치앙마이에 골프를 치러 오는 이들이 증가하고 있다. 태국 북부의 쾌적한 기후와 산악 지형, 오랜 관광지 인프라 등이 치앙마이에 수많은 골프장이 만들어진 이유다. 우리나라 사람들이 많이 찾는 것은 단연 가성비 덕분이다. 이용료가 우리나라보다 훨씬 저렴하면서 골프코스의 컨디션이 크게 뒤처지지 않는다.

골프장 장기 이용 시 회원권 구매 혹은 태국운전면허증 취득

골프를 치기 위해 치앙마이를 자주 오가거나 치앙마이에 장기거주한다면 골프장 회원권을 구매하거나 태국 운전면허증(49쪽)을 발급받아 현지인과 비슷한 요금으로 저렴하게 골프장을 이용하는 방법이 있다. 골프장 회원권은 골프장마다 가격, 기간이 천차만별이다. 짧게는 한 달권부터 10년권, 30년권 등의 장기 소멸성 회원권, 그리고 평생권까지 다양하다. 따라서 여러 골프장을 돌아보고 난 다음 장기적으로 이용해도 될 만한 골프장이 생긴다면 회원권이나 태국 운전면허증을 취득하는 방법을 고려해볼 수 있다.

단기 이용은 여행사, 직접 예약을 통해서

치앙마이에 단기적으로 머무는 동안 여러 골프장을 경험해보고 싶다면 날짜와 시간을 지정해 예약하고 방문하는 편이 좋다. 비수기에는 예약 없이 방문해도 바로 라운딩을 돌 수 있는 골프장들이 있지만 최근 몇 년 사이 골프장 이용자가 증가해 인기 골프장은 예약하고 가야 한다. 언제, 어떻게 예약하느냐에 따라 비용 차이가 있을 수 있다.

    첫번째로 골프 전문 여행사를 통해 예약할 수 있다. 직접 예약하는 것보다 더 편하고 저렴한 경우가 많다. 몽키트래블(monkeytravel.com), 룽나라 풀빌라(카톡 eddyjjang)가 치앙마이 골프장 예약 대행을 전문으로 한다. 그러나 골프장이 자체적으로 진행하는 프로모션이 있으면 직접 예약하는 편이 더 나을 수 있다. 프로모션 소식은 골프장의 공식 페이스북을 통해 접할 수 있으며 예약은 페이스북, 이메일, 전화로 가능하다. 골프디그(golfdigg.com)는 태국 내 골프장 예약 사이트로 직접 예약도 가능하지만 치앙마이에 어떤 골프장이 있는지, 가격대가 어느 정도인지 알아보는 데 유용하다. 핸드폰 앱으로도 이용할 수 있다.

∨ 어디를 갈까

최상급 컨디션으로 유명한 골프장은 하이랜드Chiangmai Highlands Golf and Spa Resort와 알파인The Alpine Golf Resort이 있다. 두 곳 모두 27홀 규모다. 18홀 규모의 골프장으로는 그린밸리The Summit Green Valley ChiangMai Country Club, 가산 레거시Gassan Legacy Golf Club, 가산 파노라마Gassan Panorama Golf Club, 노스힐North Hill Golf Club, 매조Mae Jo Golf Resort and Spa, 로얄 치앙마이The Royal Chiang Mai Golf Club 등이 한국인들이 많이 찾고 평도 괜찮은 편이다. 9홀 규모의 골프장은 피만팁Pimantip Golf Club이 가장 선호되며 초보자들이 골프 연습

장으로 많이 찾는다. 치앙마이 시내에서 차로 30분 떨어진 람푼의 하리푼차이|Hariphunchai Golf Club도 인기다.

∨ 언제 갈까
태국에서의 골프장 이용은 여행과 마찬가지로 4~6월은 매우 덥고 7~9월은 우기라서 추천하지 않는다. 10~3월 사이가 가장 쾌적하게 골프를 칠 수 있는 시기다. 대신 비용이 오른다는 점을 감안하자. 골프장에는 자외선 차단 우산을 챙겨가는 편이 좋다.

∨ 얼마나 드나
그린피, 카트피, 캐디피를 합친 하루 이용료는 골프장마다 다 다르다. 비수기에는 대략 1만5,000~3만 밧 정도로 우리 돈 5~11만 원 정도이고 성수기에는 이 금액에 30%가량 더 오른다고 생각하면 된다.

    태국에서는 캐디피와 캐디팁을 따로 주는 관행이 있다. 예약 때 결제하는 캐디피는 따로 캐디에게 지급되는 것이 아니라서 라운딩 후 보통 300밧 이상의 팁을 주는 것이 보편적이다.

찡짜이 마켓

평일과는 전혀 다른 매력
주말시장

'주말'을 끼지 않은 치앙마이 여행은 반쪽짜리 여행이라고 해도 과언이 아니다. 그만큼 치앙마이의 주말시장은 여러 곳에서 다채로운 매력으로 열린다.

찡짜이 마켓 Jing Jai Market
타패 게이트에서 북쪽으로 2.5km 정도 떨어진 부지에서 매주 주말에 열리는 오전 시장으로 '러스틱 마켓'으로도 불린다. 시내의 주말 시장과 달리 넓은 광장에 파라솔을 펼치고 크고 작은 매대들이 들어선다. 시장 입구와 바깥 라인 쪽에는 의류, 잡화, 액세서리 등의 아기자기한 소품 판매가 주류이고 안쪽에는 야외 푸드코트와 소규모 공연장이 자리한다. 유기농 제품과 태국산 상품을 주로 파는 식료품 마트 탑스 그린 치앙마이 Tops Green Chiangmai와 레스토랑, 카페, 갤러리 등 별도의 실내 건물들도 있어 안팎으로 구경하는 재미가 있다. 주말 시장 중에는 편의시설이 잘 갖춰져 있고 구경할 거리도 많다는 평. 비슷한 분위기로는 주말에 열리는 오전 시장인 참차 마켓이 있다.

- 영업시간 토~일요일 7:00~14:00

선데이 나이트 마켓 Sunday Night Market

여행자들에게 선데이 나이트 마켓은 오랜 시간 치앙마이의 필수 명소로 군림해왔다. 여행자들을 타깃으로 한 작은 기념품 시장에서 출발한 선데이 나이트 마켓은 20년이 넘는 역사 동안 덩치를 불려 치앙마이에서 가장 큰 주말 시장이 되었다. 타패 게이트에서 왓 프라싱을 잇는 랏차담는 로드 Ratchadamnoen Road 약 1km의 길과, 그 길과 이어진 골목 곳곳에 기념품, 의류, 잡화, 수공예품, 그림 등을 비롯해 온갖 먹을거리들을 파는 노점상이 빼곡하게 들어차고 곳곳에 푸드코트가 생긴다. 마켓이 서는 날에는 올드시티의 나이트 바자가 휑한데 그곳의 상인들이 대거 이쪽으로 이동하기 때문이다. 달뜬 사람들과 지글지글 익어가는 음식들, 곳곳의 거리 공연가들까지 축제가 열린 듯 성대하다. 치앙마이에 왔다면 한 번은 가볼 만한 시장이다.

- 영업시간 일요일 17:00~22:00

새터데이 나이트 마켓 Saturday Night Market

요일과 장소만 다를 뿐 선데이 나이트 마켓의 복사판이다. 선데이 나이트 마켓이 열리는 랏차담는 로드에서 남쪽으로 1km쯤 떨어져 있는 우알라이 로드 Wualai Walking Street 약 1km 구간에서 매주 토요일 저녁 열리는 대형 시장이다.

올드시티의 남문인 치앙마이 게이트와 가깝다. 규모는 선데이 나이트 마켓보다 조금 작은 편이지만 파는 물건도 분위기도 크게 다르지 않다. 그래서 사실 둘 중 한 곳만 간다 해도 다른 한 곳을 못 간 것에 대해 아쉬워할 필요가 없다.

- 영업시간 토요일 17:00~24:00

나나 정글 Nana Jungle

치앙마이 도심에 매장이 있는 빵집 나나 베이커리가 매주 토요일 아침마다 여는 숲 속의 작은 마켓이다. 마야몰에서 북쪽으로 4km 떨어진 도이 수텝 산자락에 장이 선다. 도심과 거리도 있고 장이 열리는 시각도 이르지만 늘 문전성시다. 특히 맛있다고 소문난 빵을 사기 위해 장이 열리기 전부터 사람들이 줄을 서고 대기번호표를 받을 정도다. 빵 외에도 샐러드, 생과일주스, 볶음밥, 국수 등 각종 먹을거리 노점상이 주변에 선다. 규모는 작지만 울창한 나무들로 둘러싸인 연못가에서 열리는 시장은 낭만적인 분위기를 물씬 풍긴다.

- 영업시간 토요일 7:00~11:00

나나 정글

코코넛 마켓 Coconut Market

코코넛 농장이었던 곳을 단장해 주말 노천 시장으로 운영한다. 키 큰 코코넛 나무 수십 그루가 일렬로 늘어서 있고 그 주변으로 먹거리 노점과 소품 가게들이 들어선다. 다른 주말 시장과 비교해 판매하는 음식이나 상품이 특색 있는 것은 아니지만 쭉쭉 뻗은 코코넛나무 아래서 기념 사진을 남기는 즐거움에 주말이면 사람들로 성시를 이룬다. 이름값을 하듯 코코넛 생과와 코코넛 아이스크림이 불티나게 팔린다. 코코넛 나무 아래 수로가 있어 모기가 많으니 모기기피제를 챙겨가는 편이 좋다.

- 영업시간 토~일요일 9:00~14:00

참차 마켓 Chamcha Market

도심에서 멀찍이 떨어진 시골마을에서 열리는 주말 시장인데 알음알음 소문이 나기 시작해 현재는 찡짜이 마켓 못지않은 인기를 구가한다. 지역 활성화를 위해 계획적으로 조성한 시장으로 200m가량 이어진 길을 따라 작은 상점들이 있으며 주말마다 그 사이사이로 좌판이 자리 잡는다. 좌판이 여러 개 모여 있는 길 초입의 작은 광장이 시장의 '메인'이다. 판매 물건은 의류, 수공예품, 먹을거리 등으로 개성 있는 디자이너 상품이 꽤 많다. 참차 마켓의 끝자락에 유명식당 미나 라이스 베이스드 퀴진 Meena Rice Based Cuisine이 있다. 유기농 재료로 만든 태국 전통 음식을 예쁘게 담아내는 식당으로 마켓에 방문하는 이들의 단골 코스다. 평일에는 좌판이 없을 뿐 상점들은 대부분 문을 연다.

- 영업시간 토~일요일 10:00~14:00

코코넛 마켓

짬차 마켓

알고 가면 좋은 태국 예절

합장하고 인사하기

태국인을 처음 만났을 때는 두 손을 모으고 상체를 살짝 숙이면서 여자는 "사왓디카Sawat di kha, สวัสดีค่ะ", 남자는 "사왓디캅Sawat di khab, สวัสดีครับ"이라고 인사한다. 감사 인사는 여자는 "콥쿤카Khopkhun kha, ขอบคุณค่ะ", 남자는 "콥쿤캅Khopkhun khab, ขอบคุณครับ"이라고 한다.

서두르지 않기

우리가 한국식으로 '빨리 빨리'라는 말을 자주 한다면 태국 사람들은 "사바이sabai, สบาย 사바이"(편안하게, 느긋하게)라는 말을 자주 한다. 태국인의 서비스가 조금 느리더라도 급박한 상황이 아니라면 그들의 문화를 존중하고 여유롭게 기다려보자. 태국인들이 빈번하게 하는 말로는 "마이뻰라이Maipenrai, ไม่เป็นไร"(괜찮아요)도 있다.

왕실과 승려에 대한 언행 주의

태국인들은 일반적으로 자국 왕실에 대해 큰 경외심을 갖고 있고, 태국 왕실의 실질적 권력과 위상은 아직 굳건하다. 따라서 왕과 왕비, 공주의 사진과 초상화, 동상을 손가락으로 가리키거나 그 앞에서 불손한 행위, 부정적인 언행을 하면 처벌까지 받을 수 있다. 외국인도 예외는 없다.

또한 여성은 승려와 몸이 닿으면 안 되고 옆자리에 앉아서도 안 되며 무언가를 건네줘서도 안 된다. 수행 중인 승려가 여성과 접촉하는 순간 지금까지의 수행이 수포가 된다고 믿기 때문이다. 특히 여성은 승려와 송태우나 버스에 같이 탈 경우 옆에 앉지 않도록 주의하자.

3부
장기여행자만의 특권,
근교 여행

반나절 소풍 가기 좋은
근교 명소

치앙마이 도심에서 20~30분만 벗어나면 또 다른 분위기와 특징을 가진 작은 마을들이 있다. 반나절이면 충분히 둘러볼 수 있는 매력적인 동네로 소풍을 떠나보자.

반깡왓 Baan Kang Wat

예술가들의 커뮤니티로 잘 알려진 치앙마이 도심 남서부의 작은 단지다. 우리나라로 치면 경기도 파주 헤이리와 같은 곳. 도자기, 금속, 장신구 등의 공예를 하는 예술가들의 공방과 화실이 여럿 모여 있으며 그중 몇 곳은 일반인

반깡왓 중앙광장

을 대상으로 원데이 클래스를 열기도 한다. 크고 작은 카페와 레스토랑도 곳곳에 자리한다. 반깡왓의 대부분 상점이 오전 11시에 오픈해 오후 6시에 문을 닫으며 월요일에는 대부분 쉰다. 고즈넉한 사찰 왓 우몽(74쪽)과 함께 둘러보면 좋다.

∨ **어떻게 갈까**

치앙마이대학교 후문에서 남서쪽으로 약 2.5km 떨어져 있다. 송태우가 다니지 않기 때문에 택시를 이용해야 한다. 관광객이 많이 오가는 지역이라 택시 이용에 어려움이 없다. 자전거가 있다면 운동 삼아 가기에 괜찮다. 2차선 도로로 차량 통행량이 적다.

∨ 무엇을 볼까

반깡왓 중앙광장 주변과 마하사뭇 북카페 Mahasamut Library Cafe

흔히 반깡왓을 간다고 하면 반깡왓 중앙광장을 가리킨다. 광장을 중심으로 공방, 소품숍, 카페 등이 아기자기하게 자리 잡고 있다. 광장은 마하사뭇 북카페를 검색해 찾을 수 있다. 마하사뭇 북카페는 반깡왓에서 가장 눈길을 끄는 곳으로, 광장 안쪽 목조 건물 1층에 있는, 사방이 개방된 작은 카페 겸 책방이다. 한국 책들도 수십 권이다. 책에 남겨진 여행자들의 메모를 읽는 재미가 쏠쏠하다. 음료 가격이 다른 카페에 비해 조금 비싼 편이지만 반깡왓의 분위기를 만끽하며 쉬어가기에 좋다.

왓 뽕노이 Wat Pong Noi 토요일 월요일 오후시장

반깡왓에서 800m 떨어진 곳에 왓 뽕노이라는 작은 사원이 있다. 사원 앞 공터에서는 매주 토요일과 월요일 오후 4시부터 일몰 때까지 시장이 열린다. 채소와 과일을 주로 판매하며 육류, 주전부리, 잡화류 등을 판다. 토요일에

마하사뭇 북카페

맞춰 오면 시장과 반깡왓을 두루 구경하기 좋다.

> **반나절 도보 추천코스** 🚶
> 왓 우몽 → 1.6km/도보 20분 → 반깡왓 → 800m/도보 10분 → 왓 뽕노이

∨ 어디에서 먹고 쉴까

반깡왓은 앞서 소개한 작은 마을뿐만 아니라 남북으로 길게 뻗은 형태인 그 일대 지역을 아울러 부르는 이름이다. 마을로 향하는 도로변에는 카페와 식당이 띄엄띄엄 있다. 화덕피자가 맛있는 아디락 피자Adirak Pizza, 야외 정원에서 식사를 할 수 있는 라무르 카페Lamour Cafe, 연못이 있어 포토 스폿으로 알려진 넘버39 카페No. 39 Cafe, 빈티지 의류 및 소품숍을 함께 운영하는 페이퍼 스푼Paper Spoon, 카페와 소품숍, 숙소를 복합적으로 운영하는 이너프 포 라이프Enough for Life 등이 유명하다.

람푼 Lamphun

란나 왕국이 있기 전 존재한 하리푼차이 왕국의 도읍지로, 작지만 유서 깊은 역사가 있는 도시다. 유적과 역사에 관심이 많다면 람푼에 가보길 권한다. 치앙마이에서 가깝고 번화가 일대를 도보로 돌아볼 수 있으며 하루면 도심 내 주요 관광지를 돌고 식사와 커피까지 여유롭게 즐기기 충분하다. 소위 '소읍 기행'에 적당한 지역이다.

∨ 어떻게 갈까

치앙마이에서 자동차로 30분 정도면 닿을 수 있어 오가는 데 부담이 없다. 송태우는 와로롯 시장 앞에서 출발한다. 짙은 파란색이 람푼행으로 람푼까지 20밧이며 배차 간격은 약 10분. 미니밴은 창푸악 터미널(치앙마이 버스 터미널 1)과 와로롯 시장(꽃시장 앞 삥강변) 앞에서 출발하며 흰색 차 전면부에 영어로 람푼이라고 쓰여 있다. 차량이 매깜뽕행과 비슷하니 탑승 전 꼭 확인하자. 미니밴은 20분 간격으로 운행하며 가격은 30밧. 송태우보다는 좌석이 훨씬 편한 미니밴 탑승을 추천한다. 송태우는 오전 5시부터 오후 7시, 미니밴은 오전 6시 30분부터 오후 6시까지 운행한다. 람푼에서 치앙마이로 돌아오는 미니밴의 막차는 오후 5시 20분이다.

∨ 무엇을 볼까

국립 하리푼차이 박물관 Hari Phun Chai National Museum

작지만 내실 있는 박물관이다. 미니밴 정류장이 바로 앞에 있고 람푼 역사를 훑을 수 있어 첫번째 코스로 들르면 좋다. 람푼은 치앙마이와 비교해 작은 도

국립 하리푼차이 박물관

왓 프라탓 하이푼차이

시지만 7세기 중반부터 13세기 말까지 약 600년간 번영한 하리푼차이 왕국의 수도였다. 소라껍데기 모양으로 성벽이 둘러진 계획도시로 현재도 당시 흔적이 도시 곳곳에 남아 있다. 란나 왕국의 망라이 왕에 의해 정복되기까지 수도로 번영한 람푼의 역사와 그 시절 유물을 바로 이곳 박물관에서 볼 수 있다. 패망 후에도 문화, 예술, 건축 등이 란나 왕국에 많은 영향을 미쳤음을 확인할 수 있는 자료가 보기 쉽게 정리되어 있다.

- 입장료 100밧, 입장시간 수~일요일 8:30~16:30, 휴관일 월~화요일

왓 프라탓 하리푼차이 Wat Phra That Hari Phun Chai
1044년 하리푼차이 시내에 장건된, 람푼을 대표하는 대형 사찰이다. 국립 하리푼차이 박물관 바로 맞은편에 있어 함께 둘러보면 좋다. 건축 양식이 제각기 다채로운 법당과 탑이 어우러져 있다. 위한을 기준으로 왼편에는 웅장한

황금 체디가, 오른편에는 너른 잔디밭과 크고 작은 법당들이 자리한다. 그중 1418년 건축한 수완나 체디Suwanna Chedi는 46m 높이의 피라미드형 탑으로 당시 탑의 양식을 볼 수 있는 귀중한 유적이다. 현재는 사암의 벽돌 형태지만 원래는 금으로 외관을 마감한 탑이었다.

- 입장료 50밧, 입장시간 6:00~21:00

꾸아뭉타싱 상설시장 Kua Mung Tha Sing
람푼을 가로지르는 꾸앙강Kuang River을 건너는 다리이자 상설시장이다. 건물 형태의 실내 시장은 30m 남짓의 길이지만 전통 의류, 특산물, 기념물 등 여행자의 눈길을 끄는 다양한 물건을 판매한다. 건물 내 양쪽으로 가게들이 늘어서 있으며 깔끔하게 정돈된 분위기다. 즉석 조리 음식을 팔지 않기 때문에 냄새가 나지 않는 점도 좋다. 특히 람푼은 태국어로 '람야이'라 부르는 과일인 용안 생산지로 유명해서 매년 용안 축제를 성대하게 열며 이곳 시장에서도 건조 용안 등 다양한 용안 가공 식품을 볼 수 있다.

- 영업시간 매일 8:00~18:00

농독 시장 Nong Dok Food Market

람푼에서 가장 큰 재래시장이다. 야채, 청과물, 육류, 수산물 등이 주를 이루고 의류, 잡화 판매 구역도 꽤 크게 자리 잡고 있다. 즉석 조리 식품은 실내 시장 밖 야외에 늘어서 있다. 이미 태국의 여러 재래시장을 둘러봤던 이들이라면 크게 흥미로울 풍경은 아니겠지만 제철 과일이나 주전부리를 살 생각이라면 잠시 들러도 좋다.

- 영업시간 매일 4:00~17:00

참마테위 동상 Phra Nang Chammathewi Monument

하리푼차이 왕국 제1대 왕, 참마테위 동상이 있는 작은 공원이다. 라보Lavo 왕국의 공주였던 참마테위는 7세기 중반, 통치자가 부재했던 현재의 람푼에 하리푼차이 왕국을 천명하고 약 30년간 재위했다고 전해진다. 생몰년도와 재위기간은 기록에 따라 차이가 있다. 참마테위는 오늘날에도 람푼 사람들

참마테위 동상

에게 존경받는 인물이다. 공주 시절 직접 군사를 일으켜 이웃 나라와의 전쟁을 승리로 이끌고 왕이 된 후에는 허허벌판의 땅을 계획도시로 발전시켰다는 이야기가 전해내려온다.

> **반나절 도보 추천코스** 🚶
>
> 국립 하리푼차이 박물관 → 100m/도보 1분 → 왓 프라탓 하리푼차이 → 100m/도보 1분 → 꾸아뭉타싱 상설시장(점심식사) → 700m/도보 10분 → 농독 시장 → 230m/도보 3분 → 참마테위 동상

∨ 어디에서 먹고 쉴까

식당과 카페, 노점상이 시내 곳곳에 위치한다. 걷다가 마음에 드는 곳이 보이면 들어가자. 람푼에서 특히 유명한 '꾸아이띠아우 무뚠 람야이'는 간장 베이스의 돼지고기 국수가 대표메뉴인 대형 국숫집이다. 람푼의 특산물인 과일 용안(람야이)을 국수 안에 넣은 점도 특이하다. 한국인의 입맛에 잘 맞지만 양이 적어 곱빼기(피셋)나 두 그릇을 주문하기를 추천한다. 꾸아뭉타싱 상설시장과 가까워 시장을 둘러본 후 식사를 하면 좋다. 구글맵에서 'Longan Noodles Restaurant'를 검색하면 나온다. 국립 하리푼차이 박물관과 가까운 템플하우스Temple House Lamphun는 분위기 좋은 갤러리 카페 겸 레스토랑이다. 이곳에서도 특산물 용안을 이용한 메뉴들을 맛볼 수 있다. 특히 케이크가 괜찮은 집이다.

위앙꿈깜 Wiang Kum Kam

약 800년 전 란나 왕국의 첫 수도다. 천도 후 멸망 때까지 수도였던 치앙마이 구도심, 즉 올드시티에서 5~6km밖에 떨어지지 않은 지역이다. 오랜 시간 옛 기록을 통해서만 '존재'했다고 전해지다가 1984년 대홍수로 인해 유적군이 드러나면서 세상에 알려졌다. 오랜 발굴 작업을 통해 현재는 란나 왕국 초기 모습을 가늠해볼 수 있다.

위앙꿈깜은 3~4시간 이상 시간을 넉넉하게 잡고 도보나 자전거로 돌아보기 좋은 지역이다. 삥강 유역을 따라 동남쪽으로 최장 2km 지점까지 란나 왕국 초기 유적군의 흔적이 곳곳에 흩어져 있지만, 반드시 다 찾아가볼 필요는 없다. 위앙꿈깜의 매력은 유적 지구 그 자체의 분위기다. 고즈넉한 동네를 한 바퀴 걷다가 예상치 못한 곳에서 유적지를 마주치는 즐거움이 있다. 또한 유적지에 대한 정보를 모르더라도 허물어진 옛 건축물을 있는 그대로 감상하는 여유를 가져보길 권한다.

∨ 어떻게 갈까

택시를 타는 편이 수월하다. 올드시티에서 15분이면 간다. 위앙꿈깜 인포메이션 센터 Wiang Kum Kam Information Center를 목적지로 가면 된다. 시내로 돌아갈 때도 택시를 호출한다. 외진 동네는 아니어서 택시 호출이 어렵지 않다.

∨ 무엇을 볼까

위앙꿈깜 인포메이션 센터

위앙꿈깜을 본격적으로 둘러보기 전에 들르면 좋을 곳이다. 이곳은 인포메이션 센터라고 이름 붙었지만 사실 박물관이다. 인포메이션 센터에 방문해

박물관을 보고 싶다고 말하면 직원이 센터 바로 옆에 있는 박물관으로 안내해준다. 규모는 작지만 전시는 볼 만한데 심지어 무료다. 박물관 내 발굴 유물은 종류가 다양하지 않다. 그러나 위앙꿈깜과 란나 왕국의 역사, 환경, 문화 및 발굴과정을 증강현실(AR), 혼합현실(MR), 대화형 매체(인터랙티브 미디어) 등 최신 전시기술을 통해 쉽고 자세하게 설명한다. 관람객이 없으면 박물관 문을 잠가둔다.

- 운영시간 10:00~17:00, 비정기적 휴무

왓 꾸 빠돔 Wat Ku Padom

유적군 남서쪽에 위치한 대형 사원터다. 현재는 기단과 계단 일부가 남아 있으며 지붕이 있는 위한은 오늘날 복원한 것이다. 아직 복원과 발굴이 진행되고 있는 유적이다. 사원이 컸던 만큼 15~16세기 유물이 다량으로 발견되었다.

왓 꾸 빠돔

왓 이깡

왓 창캄 Wat Chang Kham

13세기 말, 란나 왕국의 개국 왕인 망라이 왕이 위앙꿈깜을 수도로 정한 후 왕실 사원으로 지었다. 옛 이름은 왓 칸똠 Wat Khan Tom. 오늘날에도 위앙꿈깜 유적군에서 가장 큰 사원이다.

왓 이깡 Wat E-Kang

이 일대에서 유일하게 거대한 체디가 남아 있는 사원이다. 남은 기둥과 기반을 통해 위한의 큰 규모도 짐작할 수 있다. 위치상 위앙꿈깜의 중심에 있어 당시 도읍의 중심 사원 역할을 했을 것이라고 짐작한다. 여행 중 땅바닥에 털썩 앉아 쉬어가기 좋은 사원이다. 왓 이깡에서 도로를 따라 좀 더 안쪽으로 들어가면 초석과 기단, 계단만 남아 있는 왓 난창 Wat Nan Chang이 있다.

왓 체디 리암

왓 체디 리암 Wat Chedi Liam

피라미드형의 높은 석조 체디가 눈에 띄는 사원으로 옛 이름인 왓 꾸캄Wat Ku-Kham이라고도 불린다. 체디의 양식은 망라이 왕이 란나 왕국을 세우기 전 정복했던 하리푼차이 왕국의 양식의 영향을 받았다고 한다. 매주 금요일 해 질 녘에 사원 앞에서 장터가 열린다. 우리네 전통 오일장 같은 분위기로 구경하는 재미가 쏠쏠하다. 사원 앞 도로를 건너면 유유히 흐르는 삥강이 보인다. 삥강은 망라이 왕이 현재의 올드시티로 천도한 원인을 제공했다. 위앙꿈깜 지역은 지대가 낮아서 우기 때 비가 많이 오면 삥강이 범람해 자주 홍수가 났기 때문이다.

> **2시간 도보 추천코스** 🚶
>
> 위앙꿈깜 인포메이션 센터 → 600m/도보 7분 → 왓 꾸 빠돔 → 800m/도보 10분 → 왓 창캄 → 500m/도보 7분 → 왓 이깡 → 240m/도보 3분 → 왓 체디 리암

∨ **어디에서 먹고 쉴까**

위앙꿈깜 지역에는 리조트가 드문드문 있는 반면 식당은 많지 않은 편이다. 위앙꿈깜 인포메이션 센터에서 유적 지구 쪽으로 500m 떨어진 곳에 카우소이 전문점 카우소이 107카페KhaoSoi 107 Cafe가 있다. 다양한 토핑을 올릴 수 있는 카우소이를 비롯해 카우팟, 팟까프라우 무삽 등을 파는 식당이다. 내부가 깔끔하고 음식이 저렴하며 음료 메뉴도 다양해서 쉬어가기 좋다. 위앙꿈깜에서 삥강 건너에 있는 더 파고다 카페The Pagoda Cafe에서는 삥강과 왓 체디 리암의 상단부를 조망할 수 있다.

항동 Hangdong

치앙마이 도심에서 자동차로 30분 정도 떨어져 있다. 도심을 벗어나 한적하고 산, 논밭이 대부분인 자연친화적인 소읍이다. 곳곳에 푸릇푸릇한 인테리어의 카페와 식당, 대형 공원과 사원 등이 있어 반나절 나들이를 떠나기 좋다.

∨ **어떻게 갈까**

창푸악 버스터미널(치앙마이 버스터미널 1)과 올드시티 남문인 치앙마이 게이트 앞에서 빨간색 송태우를 타면 항동 번화가를 거쳐 산빠똥까지 갈 수 있다. 다만 송태우를 탈 경우 도보로 갈 수 있는 곳은 다소 제한적이다.

    항동의 주요 관광명소들을 하루 안에 다 돌아보고 싶다면 택시를 반나절 혹은 하루 동안 대절하는 방법을 추천한다. 4인 기준 승용자는 반나절 기준 2,000밧 내외다. 택시를 이용할 때 기사에게 직접 제안하거나 네이버 카페 '아이러브 태국'을 통해 기사를 소개받고 함께 갈 사람을 모집할 수도 있다.

∨ 무엇을 볼까

왓 프라탓 도이 캄 Wat Phrathat Doi Kham

사실 항동이 아니라 치잉마이 시에 속하지만 도심보다는 항동 쪽에 좀 더 가까운 위치(정확히는 메히야Mae Hia라는 지역)다. 도이 수텝 끝자락의 언덕 도이 캄에 자리한 사원으로 17m에 이르는 거대한 황금 불상이 있어 황금 사원Golden Temple으로 불리기도 한다. 걸어 오른다면 언덕 아래에서 사원까지 300개의 계단을 올라야 하지만 도로가 있어 자동차로 쉽게 사원에 진입할 수 있다. 현지인들에게는 '소원을 들어주는 사원'으로도 유명해 향과 꽃을 든 무리와 무릎을 꿇고 앉아 기도를 하는 이들을 볼 수 있다. 주변 전망을 시원하게 내려다볼 수 있고 현지인들을 따라 덩달아 소원도 빌 수 있다.

- 입장료 30밧, 입장시간 6:00~18:00

왓 프라탓 도이 캄 불상

로열 파크 라짜쁘륵

로열 파크 라짜쁘륵 Royal Park Rajapruek

다양한 주제의 정원을 선보이는 대형 테마파크다. 2006년 열린 국제 원예 박람회 때 주 행사장의 용도로 문을 열었다. 굉장히 넓은 규모이고 그늘이 많지 않아서 입구에 있는 셔틀트램을 타는 편을 추천한다. 자전거로 돌아볼 수도 있다. 테마파크는 옛 란나 왕국의 왕궁을 재현한 건물 로열 파빌리온을 중심으로 24개국의 정원을 갖추고 있다. 각 국가들의 전통 정원, 가옥 양식을 재현했으며 담장과 기와로 멋을 낸 '한국 정원'도 있다. 테마파크 내에 유기농 식재료로 음식을 만드는 태국식 레스토랑 로얄 프로젝트 키친 Royal Project Kitchen이 있다.

- 입장료 200밧, 영업시간 매일 8:00~18:00

깟파랑 빌리지와 항동 시장 Kad Farang Village & Hangdong Market

깟파랑 빌리지는 체인 슈퍼마켓인 림삥과 다이소, 스타벅스, 피자헛, KFC 등 체인 식음료매장이 모여 있는 쇼핑몰이다. 바로 옆에는 다양한 글로벌 의류 매장을 갖춘 프리미엄 아웃렛 치앙마이 Premium Outlet Chiang Mai가 있다. 두 곳 모두 깔끔한 서양풍 쇼핑몰이다. 특히 깟파랑 빌리지 내 스타벅스는 란나 전통 건축 양식으로 지어져 관광객들이 일부러 들르는 명소이기도 하다.

　항동 시장은 깟파랑 빌리지에서 도로를 따라 남쪽으로 1.7km 떨어져 있는 항동 번화가에 위치한다. 여러 가지 식재료를 파는 노천 시장이며 일몰 때면 시장 안팎으로 노천 푸드코트가 열린다.

- 깟파랑 빌리지: 영업시간 매일 7:00~21:00
- 프리미엄 아웃렛 치앙마이: 영업시간 평일 10:00~19:00 주말 10:00~20:00
- 항동 시장: 영업시간 매일 7:00~20:00

깟파랑 빌리지 스타벅스

산빠뚱San Pa Tong

항동 시내에서 자동차로 약 30분 정도 떨어져 있다. 항동보다 더욱 한적한 농촌이지만 곳곳에 여유롭게 시간을 보낼 만한 카페와 식당이 있다. 논 가운데 피아노가 있는 풍경으로 유명한 홈 앳 나인Home At 9은 카페 겸 숙소다. 치앙마이 외곽의 농촌 풍경을 감상하며 차 한잔 할 수 있고 해먹에 누워 여유로운 시간을 보낼 수 있다. 숙박하면 자전거도 빌려준다. 에그 셀 바이 후Egg Sell by Who는 한적한 농촌 속 정원 카페로 여러 종류의 커피와 직접 수확한 채소로 만든 브런치 메뉴를 낸다. 자전거나 오토바이로 농촌 마을 한 바퀴를 돌아보길 추천한다. 조용한 자연 속에서의 시간을 보내고 싶다면 이곳에서 1박 정도 숙박해보는 것도 괜찮다.

반나절 자동차 추천코스 🚗

왓 프라탓 도이 캄 → 3.3km/자동차 7분 → 로열 파크 라짜쁘륵 → 7km/자동차 10분 → 깟파랑 빌리지와 항동 시장 → 10km/자동차 15분 → 산빠뚱 일대

∨ 어디에서 먹고 쉴까

깟파랑 빌리지, 항동 시장 등에 식당과 체인 음식점이 모여 있다. 만약 택시를 대절해 움직인다면 정원을 매우 잘 꾸며 놓은 대형 식당 카오마오 카오팡Khaomao Khaofang, 항동 일대 평야지대를 내려다볼 수 있는 푸핀 도이Phufinn Doi를 추천한다. 두 곳 모두 한적한 곳에 외따로이 자리해 나무가 우거진 푸르른 풍경을 감상하며 여유로운 시간을 보낼 수 있다.

산깜팽 Sankamphaeng

온천으로 익숙한 이름 산깜팽은 치앙마이 도심에서 17km 떨어진 동남쪽에 위치한다. 치앙마이 도심과 가까우면서도 볼거리가 많아 당일치기 나들이 가기에 좋다. 참고로 유명한 산깜팽 온천(146쪽)은 이름만 산깜팽이지 실제 행정구역은 매온 Mae On이다.

∨ 어떻게 갈까

와로롯 시장 앞에서 15~20분 간격으로 운행하는 흰색 송태우가 30밧에 산깜팽 시내까지 간다. 산깜팽에서 시내로 돌아올 때는 도로변에서 흰색 송태우가 보일 때 손을 흔들면 정차한다. 하지만 송태우는 오랜 시간 탑승이 불편하기도 하고 초행이라면 어디서 내려야 할지 잘 모르기 때문에 택시 탑승을 추천한다. 어느 정도 거리가 있으므로 요금이 많이 나올 수는 있다.

∨ 무엇을 볼까

참차 마켓 Chamcha Market
산깜팽에서 제일 잘 알려진 명소는 주말에 열리는 참차 마켓(156쪽)이다.

보상 마을 & 우산 제작 센터 Bosang Umbrella Making Centre
산깜팽 번화가에 있는 보상 마을 & 우산 제작 센터에서는 산깜팽의 자랑인 수공예 우산을 구경하며 직접 우산을 만드는 체험을 할 수 있다. 우산뿐 아니라 핸드폰 케이스, 부채, 모자 등 다양한 소품에 그림을 그릴 수 있다. 보상 마을에서는 매년 1월 사흘 동안 보상 우산 & 산깜팽 수공예품 축제 Bo Sang Umbrella & Sankamphang Handicrafts Festival가 열린다. 보상 마을은 우리나라 면 소재지 정도의 규모로 충분히 도보로 둘러볼 수 있다. 시내 곳곳에 로컬 시

우산 제작 센터

장, 카페, 음식점 등이 있어 반나절 나들이 코스로 제격이다.

- 보상 우산 제작 센터: 영업시간 매일 8:30~16:30

마이이암 현대미술관 MAIIAM Contemporary Art Museum

미술관 방문을 좋아한다면 꼭 가보길 추천한다. 태국 내에서 현대미술 컬렉터로 유명한 에릭 분낙 부스 Eric Bunnag Booth가 30년간 수집한 개인 소장품을 선보이기 위해 2016년 개관했다. 전면을 거울로 마감한 외관만으로도 시선을 사로잡는다. 치앙마이의 작고 낙후된 갤러리 혹은 박물관에 실망했다면 이곳만큼은 기대에 부응할 장소가 될 확률이 높다. 규모는 2층으로 크진 않다. 1층 전체와 2층 일부 갤러리에서는 국내외 현대 아티스트의 기획전이 주로 열린다. 2층 서편 상설관에서는 1980년대부터 오늘날에 이르는 태국 현대 아티스트의 작품을 전시하고 있다. 1층에는 도록, 아트 상품을 판매하는 아트숍과 음식과 음료, 디저트를 파는 카페가 있다.

마이이암 현대미술관

- 입장료 200밧(학생 100밧), 입장시간 금~월요일 10:00~18:00, 휴관일 화~목요일

> **반나절 자동차 추천코스** 🚗
> 참차 마켓(주말) → 4.8km/자동차 10분 → 보상 마을 & 우산 제작 센터 → 1.6km/도보 20분 혹은 송태우 5분 → 마이이암 현대미술관

∨ 어디에서 먹고 쉴까

참차 마켓이 열리는 날에는 여러 음식 좌판이 선다. 심지어 김치볶음밥 등 한식도 있다. 참차 마켓에서 1km 정도 떨어져 있는 준준 숍 앤드 카페Junjun Shop & Cafe는 한국인들이 특히 많이 찾는 카페로 하나에 20밧 하는 컵케이크가 유명하다. 보상 마을은 번화가인 만큼 곳곳에 식당이 있으며 시욘 마켓Sri Yon Market에는 푸드코트도 있다.

매깜뽕 폭포

초록초록
일일 폭포 투어

'매'는 태국어로 물, 강 등을 뜻한다. 그래서 '매'가 들어간 이름의 동네는 보통 계곡이나 폭포가 있다. 치앙마이에서 가까운 매깜뽕, 매림, 매땡에서 아기자기한 마을과 폭포를 둘러보는 당일치기 여행을 해보자.

매깜뽕 Mae Kampong

계곡이 흐르는 산골짜기 안 작은 마을로 조용하고 고즈넉한 분위기여서 한나절 머물다보면 '힐링'이 절로 되는 곳이다. 크고 작은 목조 주택들과 울창한 수풀 속 트레킹 코스, 여러 단에 걸친 폭포 등이 동화 속 마을 같다. 매깜뽕으로 향하는 미니밴이 하루 2회 산깜팽 온천을 경유하기 때문에 온천과 묶어 하루 코스로 가기도 한다. 여유로운 시간을 갖고 싶다면 매깜뽕 마을에만 하루 종일 머물러도 좋다.

∨ **어떻게 갈까**
창푸악 버스터미널(치앙마이 버스터미널 1)과 와로롯 시장 앞에서 매일 매깜뽕행 미니밴이 출발한다. 창푸악 버스터미널에서는 오전에 하루 2회, 와로롯 시장에서는 하루 4회 출발한다. 매깜뽕에서 돌아오는 차편도 하루 4회 있다. 산깜팽 온천을 들르고 싶다면 매깜뽕에서 점심 차편을 타고 가서 온천을 즐긴 후 막차를 타고 시내로 돌아오면 된다. 이왕이면 아침 첫차로 출발해 여유롭게 돌아오는 편을 추천한다. 요금은 편도 150밧, 왕복 300밧. 소요시간은 약 1시간.

- 미니밴 홈페이지 www.facebook.com/Van.Hotsprings

∨ 무엇을 볼까

매깜뽕 마을 카페 투어

매깜뽕은 커피 마을이라고 해도 될 만큼 마을 규모에 비해 카페가 많다. 카페들의 공통점이 있다면 울창한 나무들로 둘러싸인, 그야말로 자연 속에서 커피를 즐길 수 있다는 것. 반나절 동안 모든 카페를 다 둘러보기는 어렵겠지만 두어 곳 정도 들러 냇물과 바람 소리, 아름다운 풍경을 차분하게 감상해보자. 마을 초입에 있는 테두 커피 카페Teddu Coffee Cafe는 마을에 가장 먼저 생긴 카페로 커피 맛이 으뜸으로 꼽힌다. 계곡 쪽으로 한참을 내려가면 작은 폭포를 끼고 외따로이 있는 카페 룽뿟빠뼁 커피Lung Pud Pa Peng Coffee는 냇물이 바로 앞에 흐르는 풍경을 바라보며 커피를 마실 수 있는 곳. 가장 번화한 마

을 초입에 위치해 손님이 늘 많다. 다양한 메뉴의 태국식 식사도 할 수 있으며 대부분 맛이 괜찮다. 홈도이 커피Homdoi Coffee는 폭포 쪽을 향하는 매깜뽕 언덕 초입에 위치한다. 숲 안쪽에 있어 쉽게 지나칠 수 있는 숨은 카페로 새소리와 물소리가 아름답게 어우러진다. 이곳도 커피와 식사 메뉴를 두루 판매한다. 촘녹 촘마이Chomnok Chommai와 라비앙 뷰 카페Rabeing View Cafe는 언덕 위에 자리해 마을을 내려다볼 수 있는 멋진 전망을 자랑한다. 두 카페에서 내려다보는 마을 전망이 매깜뽕 여행의 하이라이트다.

매깜뽕 계곡길

마을에는 산에서부터 내려오는 계곡이 흐른다. 계곡을 따라 올라가면 7단에 걸친 매깜뽕 폭포를 만날 수 있다. 대부분 사람들이 자동차가 다니는 아스팔트 포장 도로변을 따라 폭포로 가지만 동네 안쪽으로 들어가면 계곡을 따라 폭포를 갈 수 있는 길이 있다. 천천히 걸어도 15분이면 폭포에 닿으니 마을 구경도 할 겸 마을 안쪽으로 들어가 물이 흐르는 소리를 따라 계곡변으로 가

매깜뽕 계곡길

자. 산책로로 조성된 길은 아니지만 이미 많은 사람들이 오갔던 길이라 어려움 없이 걸을 수 있다. 단, 인적이 드문 길이니 혼자 가기보다는 일행과 함께 하길 추천한다.

매깜뽕 폭포

마을 정상에 자리한 7단에 걸친 긴 폭포다. 단마다 폭포 자체의 폭이나 길이가 웅장하다 할 수는 없지만 가파른 절벽을 따라 끊임없이 아래로 흐르는 폭포는 나름의 근사한 멋이 있다. 상부의 폭포는 철제 계단을 따라 올라가서 볼 수 있다. 4단까지 올라갈 수 있으며 그 이상의 폭포는 안전 문제로 등반이 금지되었다. 노약자에게는 다소 가팔라서 위험할 수 있다. 노약자가 아니라면 이왕 방문했으니 끝까지 올라가보자. 단을 달리할 때마다 서로 다른 모습의 폭포를 감상할 수 있다.

> **반나절 도보 추천코스** 🚶
>
> 테두 커피 카페 → 400m/도보 5분 → 마을 번화가에서 점심식사 → 1km/도보 15분 → 계곡길 → 1km/도보 15분 → 매깜뽕 폭포 → 500m/도보 10분 → 촘녹 촘마이 또는 라비앙 뷰 카페(전망 감상)

∨ 어디에서 먹고 쉴까

매깜뽕 마을 곳곳에 식당이 있다. 특히 마을 초입에 여러 곳의 식당이 모여 있는 편. 대부분 사이우아(북부식 소시지), 까이양(닭고기구이), 카오팟(볶음밥), 팟타이(볶음국수) 등 태국 음식을 판매한다. 식당은 앞서 소개한 룽뿟 빠뻥 커피와, 언덕을 올라 왓 매깜뽕Wat Mae Kampong을 지나면 보이는 깜뽕 커피Kampong Coffee를 추천한다. 두 곳 모두 국물이 있는 메뉴보단 국물 없는 메뉴가 훨씬 맛있다. 여행자들 사이에 유명한 자이언트 커피숍The Giant Chiangmai Coffee Shop은 매깜뽕에서도 산중 도로를 따라 자동차로 30분을 올라야 한다. 거대한 나무 아래 아름답게 자리한 카페지만 전망은 다소 답답한 편. 음료 가격이 100밧 내외로 매우 비싸다. 매깜뽕에서 송태우를 빌려 왕복으로 움직이면 기본 500밧이다.

매림 Mae Rim

매림은 치앙마이 북쪽에 위치한 지역으로 도이 수텝 자락의 산지가 많은 부분을 차지한다. 산과 계곡, 폭포가 곳곳에 있어 자연 속 액티비티를 즐기는 곳으로 유명하며 현지인들이 캠핑이나 소풍으로 즐겨 찾는다.

∨ 어떻게 갈까

치앙마이에서 자동차로 20분 정도 떨어져 있다. 매림 역시 송태우가 자주 다니는 지역이다. 창푸악 버스터미널(치앙마이 버스터미널 1)에서 5분에 한 대꼴로 노란색 송태우가 매림 번화가까지 가지만 여행자들이 즐겨 찾는 장소들은 송태우로 가기 어려우니 택시를 대절하는 편이 좋다. 이 책의 추천코스대로 가는 것을 추천한다.

∨ 무엇을 볼까

매사 폭포 Mae Sa Waterfall
'10단 폭포'로 불린다. 계곡을 따라 10단에 걸친 폭포가 있고 계곡 옆으로 등산로가 나 있다. 이곳의 묘미는 가볍게 트레킹을 하며 한 곳 한 곳의 폭포를 둘러보는 것이다. 폭포마다 작은 소가 형성되어 있어 물놀이하기 좋다. 주변

매사 폭포

에 벤치나 넓은 암반이 있어 잠시 물 구경을 하기만 해도 좋다. 10단 폭포까지는 빠른 걸음으로 30분이면 닿을 수 있다. 완만해서 노약자들도 큰 어려움 없이 산책하듯 걸을 수 있는 길이다.

- 입장료 100밧, 영업시간 8:30~16:30

엘리펀트 푸푸페이퍼 파크 Elephant POOPOOPAPER Park Chiang Mai
어린이를 동반한 가족 여행자들이 필수로 찾는 곳이다. 코끼리 똥으로 종이를 만드는 과정을 배우고 직접 경험해볼 수 있는 작은 공원이자 체험장이다. 만드는 과정이 한지 제작 과정과 비슷하다. 똥은 냄새가 거의 없으며 체험장도 아기자기하고 깔끔한 환경이다.

- 입장료 150밧(5세 미만은 무료), 영업시간 9:00~17:00

엘리펀트 푸푸페이퍼 파크

시암 인섹트 주Siam Insect Zoo

곤충과 파충류 동물을 직접 보고 만져볼 수 있는 작은 동물원이다. 규모가 크진 않지만 다양한 종류의 거미, 전갈, 애벌레, 이구아나, 카멜레온 등을 손에 올리거나 쓰다듬을 수 있어 아이들이 특히 좋아한다. 동남아 지역뿐만 아니라 멀리 남미, 오스트레일리아 등에서 사는 곤충, 파충류들도 있다. 열대 지방에 서식하는 수십 종의 나비를 한 곳에 풀어놓은 나비 정원은 성인들도 좋아하는 공간이다.

- 입장료 성인 200밧, 어린이 150밧, 영업시간 9:00~17:00

몬챔Mon Chaem

몽족이 사는 고산 마을로 산등성이에 일군 계단식 밭과 마을을 둘러싼 첩첩한 산의 풍경이 근사한 곳이다. 우리나라의 대관령 고랭지 같은 분위기. 주변에 리조트와 캠핑 사이트도 꽤 여러 곳이다. 여행자들이 주로 찾는 곳은 몬챔

몬챔

후아이뜽타오

에서도 가장 높은 전망대로 일몰 때 주변이 온통 노을 빛으로 물들어 아름답다. 전망대에는 쉬어 갈 수 있는 오두막이 여러 채 있고 유료로 입장할 수 있는 꽃밭이 가꿔져 있다.

후아이뜽타오 호수 Huai Tung Tao Lake
반나절 소풍으로 들를 만한 호수 유원지다. 번잡함 없이 호수 둘레를 따라 식당의 방갈로들이 쭉 들어서 있고 바나나잎으로 만든 거대 고릴라상으로 꾸민 공원이 전부다. 호수에서 보트를 타거나 캠핑을 즐기는 현지인들도 많다. 방갈로에 앉아 호수를 바라보며 점심을 먹으며 여유롭게 쉬었다 가길 추천한다. 방갈로가 곧 식당 테이블이다. 돗자리를 챙겨가도 좋다.

- 입장료 50밧, 영업시간 6:30~18:00

쿤창키안 Khun Changkhian
평범하고 조용한 고산족 마을인데 1월 말부터 2월 초까지는 벚꽃 동산으로 화사하게 변신한다. 여름의 나라 태국에서 벚꽃을 보는 경험은 나름 특별하다. 도이 수텝 정상 가까이 있어 보통은 왓 프라탓 도이 수텝과 함께 돌아보는데 오가는 길이 다소 험한 편이다. 후아이뜽타오와 묶어서 둘러봐도 괜찮다. 커피 산지로도 유명하다.

반나절 자동차 추천코스
매사 폭포(점심식사) → 2km/자동차 5분 → 시암 인섹트 주 → 4.5km/자동차 7분 → 엘리펀트 푸푸페이퍼 파크 → 20km/자동차 40분 → 몬챔(해 질 녘)

왓 프라탓 도이 수텝 → 15km/자동차 40분 → 쿤창키안(1월 말~2월 초 벚꽃 시즌) → 12km/자동차 50분 → 후아이뜽따오(점심식사)

∨ 어디에서 먹고 쉴까

매사 폭포 근처에서는 비트윈 카페Between Cafe를 추천한다. 태국식과 서양식 식사 외에도 커피 등 음료를 판매한다. 계곡과 정원이 어우러진 자연적인 분위기도 훌륭하다. 그 밖에도 일부러 사진을 찍으러 갈 만큼 예쁜 정원과 인테리어를 자랑하는 아이언우드Ironwood와 플레르Fleur에서도 식사와 커피를 모두 즐길 수 있다. 마이후안 60 도이창 커피 매림Mai Huan 60 Doi Chaang Coffee Mae Rim은 태국 커피 산지 도이창 원두를 쓰는 카페로 커피 맛도 좋지만 울창한 정원과 인테리어도 독보적이다.

매땡 Mae Taeng

매림과 이웃하며 분위기 또한 비슷하다. 산림지대가 주를 이루며 태국 북부 산악지역의 전형적인 풍경을 보여준다. 여유롭게 자연과 벗하는 시간을 보내고픈 이들이 반나절 혹은 하루 코스로 가볼직하다.

∨ 어떻게 갈까

치앙마이 시내에서는 자동차로 1시간 정도 떨어져 있다. 대중교통을 이용하기는 어렵다. 반나절 혹은 하루 동안 택시를 대절해 돌아보는 방법을 추천한다. 매림과 이웃한 지역이므로 매림에서 가고 싶은 곳들과 묶어서 동선을 만들어도 좋다. 예를 들어 낮에 부아똥 폭포와 왓 반덴을 들른 후 해 질 녘에 몬챔이나 후아이뜽타오를 돌아보는 코스는 하루 코스로 적절하다.

∨ 무엇을 볼까

왓 반덴 Wat Ban Den

짙은 청색의 지붕 때문에 청색 사원이라 불리는 웅장한 규모의 사원이다. 언제 창건되었는지는 알 수 없고 1988년 중수를 시작해 규모를 넓혀왔다. 란나 스타일을 차용했지만 현대식 사원이다보니 고색창연한 느낌은 없다. 건물마다 건축재와 색이 다르고 조형물이 화려해 구경하는 즐거움이 있다. 전체적으로는 란나 전통 스타일. 다른 사원과 견줄 때 본당 규모에 해당하는 법당들이 여러 채 늘어서 있으며 뒤쪽에는 거대한 와불과 12개의 체디가 자리한다.

- 입장료 무료, 입장시간 7:00~18:00

왓 반덴

부아똥 폭포

부아똥 폭포 Bua Tong Waterfall

폭포를 오르락내리락하며 트레킹을 즐길 수 있다. 표면이 석회암이라 미끄럽지 않으니 맨발로도 폭포 위를 걸을 수 있다. 그래서 부아똥 폭포의 영어 별칭이 '끈끈한 폭포 Sticky Waterfall'. 그래도 간혹 이끼가 낀 곳이 있고 경사가 심한 구간도 있어 안전에 주의해야 한다. 폭포는 3단에 걸쳐 있다. 각 단마다 계곡 구간이 있으며 폭포의 상부에서 하부까지 약 100m가량 이어진다. 액티비티를 즐긴다면 꼭 갈 만한 자연 명소다. 별도의 탈의실과 샤워실은 없다.

- 입장료 없음, 물품보관함 20밧

> **반나절 자동차 추천코스** 🚗
>
> 왓 반덴 → 22km/자동차 30분 → 부아똥 폭포(점심식사)

∨ 어디에서 먹고 쉴까

부아똥 폭포 입구 쪽엔 넓은 잔디밭이 펼쳐져 있고 세 곳의 식당이 있다. 가장 바깥쪽 식당이 인기가 많은데 가격도 저렴하고 양도 푸짐하다. 잘 구워낸 부드러운 까이양이 맛있고 솜땀, 팟타이, 카오팟 등 대체적으로 맛이 좋은 편. 시내에서 음식을 포장해와 돗자리를 깔고 먹어도 괜찮은 분위기다.

치앙다오 밤하늘

제2의 치앙마이에서
2박 3일

치앙마이가 익숙해졌다면 치앙마이에서 가까운 태국 북부 도시로의 색다른 여행을 추천한다. 취향에 따라서 어쩌면 치앙마이보다 더 좋을 수 있는, 치앙마이와 비슷하면서도 또 다른 매력을 가진 소도시 네 곳을 소개한다.

치앙다오 Chiang Dao

치앙마이에서 북쪽으로 약 70km 떨어져 있는 '별의 도시' 치앙다오에서 '치앙'은 도시를, '다오'는 별을 의미한다. 이름값 하듯 실제로 별이 정말 잘 보이는 도시다. 보름달이 뜨는 날을 피해서 가면 더욱 선명한 별 하늘을 볼 수 있다. 번화가가 우리나라 면 정도의 규모라 광공해가 없으며 화전을 하는 2~3월만 아니면 하늘도 맑은 편이다. 또한 숙소들이 몰려 있거나 여행자 거리가 따로 조성된 동네가 아니라서 한적한 로컬 라이프를 만끽할 수 있는 도시다. 별 보기 좋은 곳이니 최소 1박 2일로 방문하되 보름달이 뜨는 시기를 피하고 치앙다오 최대 아침시장이 열리는 화요일을 끼고 가는 편이 좋다.

치앙다오 풍경

∨ 어떻게 갈까

창푸악 터미널(치앙마이 버스터미널 1)에서 치앙다오로 가는 버스가 오전 6시부터 오후 5시 30분까지 1시간 간격으로 운행한다. 오후 7시 30분에 막차로 한 대가 더 있다. 에어컨 버스가 있긴 하나 하루에 3~4대 꼴이다. 편도 44밧이며 소요시간 1시간 30분이다. 보통 팡, 타똔을 종착지로 하는 버스로 치앙다오가 종착지가 아니니 주의할 것. 같은 터미널에서 오전 7시부터 오후 5시까지 1시간 간격으로 미니밴도 운영한다. 가격은 편도 150밧. 일반 버스보다 세 배의 가격이지만 편하고 시원하다.

∨ 어떻게 여행할까

왓 탐파쁠롱Wat Tham Pha Plong까지 숲길 오르기
절벽에 자리한 작은 절로 불상을 모신 석굴이 있다. 사원으로 들어가는 1km 정도의 도보 진입로가 아름답다. 울창한 숲 사이에 계단과 길을 조성했다. 총

왓 탐파쁠롱 진입로

510개의 계단을 올라야 하지만 직선 코스가 아니라 완만한 산책로로 이어진 길이어서 큰 힘 들이지 않고 절에 닿을 수 있다. 또한 길 중간중간 쉬어 갈 수 있는 벤치와 테이블이 있다. 절벽에 사원이 있다보니 건물들도 경사를 따라 계단식으로 자리한다. 꼭대기까지 올라가면 입적한 고승과 부처를 모시는 석굴이 나온다. 불상 옆에 모신 승려상과 사진들의 주인공은 태국 불교에서 명상으로 유명했던 루앙 뿌 심Luang Poo Sim으로 1967년 이 사원을 창건했다.

- 입장료 없음

치앙다오 동굴Chiang Dao Cave 탐험하기

치앙다오의 대표적인 관광명소이자 치앙다오 국립공원의 주요 볼거리로 꼽히는 자연 석회 동굴이다. 동굴 길이는 총 10km에 이르며 동굴 내에 가지처럼 뻗은 터널만 100개에 다다른다. 이 중 '메인'에 해당하는 넓은 길을 조명을 달아 개방하고 있으며 유료인 가이드 투어를 할 경우 조명이 없는 일부 동

치앙다오 동굴

굴까지 둘러볼 수 있다. 굳이 가이드 투어를 하지 않아도 입구부터 개방 구역 끝까지 웅장하고도 기기묘묘한 형태의 종유석과 석순을 볼 수 있어 충분히 방문할 가치가 있다. 동굴 자체가 하나의 사원으로 여겨지는 까닭에 곳곳에 불상이 있으며 동굴 끝에는 와불상이 안치되어 있다.

- 입장료 40밧, 가이드 투어 200밧, 영업시간 8:00~16:00

치앙다오 온천 Chiang Dao Hot Springs**에서 노천탕에 몸 담그기**
야외 온천으로 지붕도 탈의실도 따로 없다. 온천물을 끌어오는 파이프와 1~2인이 들어갈 수 있는 작고 소박한 콘크리트 욕탕이 7개 설치되어 있다. 치앙다오의 중심 산인 도이 루앙에서 흐르는 시냇물 위에 마련된 온천이어서 여러 개의 우물처럼 보이기도 한다. 온천수를 파이프로 끌어오는 것이라 수원지의 거리가 멀수록 욕탕의 물 온도가 낮아진다. 낮에는 곧잘 동네 아이들의 물놀이장이 되지만 밤에는 쏟아질 듯한 별과 반딧불을 눈앞에서 바라보며 온천을 즐길 수 있다. 노천 욕장이라 당연히 수영복이나 가벼운 옷을 입고 들

치앙다오 온천

화요일 아침시장

어가야 한다.

- 입장료 없음, 영업시간 24시간

화요일 아침시장Chiang Dao Tuesday Morning Market에서 주전부리 사먹기

매주 화요일 오전에 열리는 치앙다오의 전통 시장이다. 우리나라 오일장과 비슷한 분위기인데 시장 규모가 꽤 크다. 치앙다오 버스터미널 일대부터 약 300m에 해당하는 도로변과 그 주변 공터에 다양한 노점상들이 가득 들어선다. 각종 먹을거리와 생활 잡화, 의류, 화훼, 주방용품까지 다채롭다. 이것 저것 군것질하고 구경하는 맛이 쏠쏠한데 치앙마이와 비교해 전체적인 물가도 저렴한 편이다. 정오쯤 되면 대부분 노점상이 철수하며 아침 8~9시에 가장 활발한 시장 풍경을 볼 수 있다. 만약 화요일에 일정을 맞추지 못했다면 매일 아침 열리는 치앙다오 시장Chiang Dao Market에 들러보자. 오전 6시부터 오전 9시까지만 열리는 현지인 시장으로 아침식사를 판매하는 분주한 시장 풍경을 볼 수 있다.

- 영업시간 6:00~12:00

도이 루앙이 잘 보이는 카페 가기

치앙다오의 상징적인 풍경은 단연 도시를 지키듯 단단하고 호방한 자태로 자리한 도이 루앙이다. 도이 수텝이 여러 봉우리와 산맥으로 넓게 퍼진 형태라면 도이 루앙은 단일한 산으로 우뚝 서 있는 형태다. 해발 2,175m로 태국에서는 세번째로 높은 산이다. 마치 제주도의 산방산 혹은 성산일출봉과 비슷한 모습이다. 치앙다오 곳곳에 도이 루앙을 감상하며 음료를 즐길 수 있는 카페가 많다. 마캄뽐 아트 스페이스 치앙다오Makhampom Art Space Chiang Dao, 도이 루앙 크레이피시 팜 투 카페Doiluang Crayfish Farm to Cafe 등을 추천한다. 논밭 사이에 자리한 오두막 스타일 카페로 정면에 솟아 있는 도이 루앙의 모습이 근사하다.

- 영업시간 9:00~17:00 (두 카페 동일)

추천코스
첫째날: 왓 탐파쁠롱 → 2km/도보 30분 → 치앙다오 동굴 → 6km/자동차 10분 → 치앙다오 온천
둘째날: 화요일 아침시장 → 2km/자동차 5분 → 도이루앙 전망 카페

∨ 어디에서 먹고 쉴까

치앙다오 동굴과 왓 탐파쁠롱 주변에서 가장 유명하고 맛있기로 소문난 식당은 서양식 레스토랑인 치앙다오 네스트 1Chiang Dao Nest 1과 태국식 레스토랑인 치앙다오 네스트 2Chiang Dao Nest 2다. 두 식당은 서로 1km 정도 떨어져 있다. 치앙다오 네스트 1이 분위기는 좀 더 좋지만 가격대가 높은 편. 팟타이를 다채로운 형태와 멋진 데커레이션으로 내는 알라딘Aladin도 가볼 만하다.

카페는 빌라 드 뷰Villa De View를 추천한다. 빌라 드 뷰는 도이 루앙 자락에 있는 카페로 도심 속 카페 못지않은 세련된 분위기를 자랑한다.

치앙다오 네스트 1

사랑해 리조트

∨ 어디에서 잘까

사랑해 리조트Saranghae Resort는 한국인이 한식당과 함께 운영하는 방갈로형 숙박업소다. 모든 객실에 전기장판이 설치되어 있어 쌀쌀한 치앙다오의 밤을 따뜻하게 날 수 있다. 아잘레아 빌리지 리조트Azalea Village Resort 역시 여행자들에게 인기가 좋다. 눈앞에 펼쳐진 도이 루앙의 멋진 전망과 아름답게 꾸민 정원, 수영장이 이곳의 자랑이다. 두 숙소 모두 무료 조식을 제공한다.

아잘레아 빌리지 리조트

람빵 Lampang

치앙마이가 번잡하게 느껴지지만 도시가 주는 편리함을 포기하고 싶지 않은 한 달 살기 여행자들에게 '마차와 도자기의 도시' 람빵은 좋은 대안이 될 수 있다. 관광, 휴식, 음식 등 무엇 하나 빠지지 않는, 여행자들에게 제2의 치앙마이가 될 수도 있는 도시다.

∨ 어떻게 갈까

람빵은 치앙마이에서 남서쪽으로 약 100km 떨어져 있다. 버스나 미니밴으로는 1시간 30분, 기차로는 1시간 30분에서 2시간가량 걸린다. 버스 회사와 기차 종류에 따라 30분 정도씩 차이가 날 수 있다. 람빵행 버스와 미니밴이 치앙마이 버스터미널 2와 3에서 출발한다. 람빵이 종착지인 버스도 있지만 수코타이, 방콕이 종착지로 람빵을 경유하는 버스들도 있다. 오전 6시부터 오후 5시까지 수시로 있으며 가격은 70~100밧 선이다.
　　기차는 치앙마이역에서 람빵역Nakhon Lampang Railway Station까지 하루 5회 운행한다.

깟 꽁따의 거리

∨ 어떻게 여행할까

박물관에서 람빵 훑어보기

부미 라콘 박물관Bhumi Lakhon Museum은 람빵의 이정표 역할을 하는 시계탑 로터리에 자리한 람빵 역사박물관이다. 2층 상설전시실에서 람빵의 과거와 오늘날에 이르는 역사를 살펴볼 수 있다. 당시 사진 자료와 인터뷰, 녹음 등 시청각적 요소를 활용해 기초적인 영어만 구사하면 쉽게 이해할 수 있는 전시로 꾸몄다. 한때는 태국 북부의 중심도시가 치앙마이가 아닌 람빵이었다는 사실이 흥미롭다. 람빵 박물관Museum Lampang은 앞서 소개한 부미 라콘 박물관보다 규모가 큰, 람빵 시에서 직접 운영하는 역사박물관이다. 박물관 내에는 모형 마차를 타고 도심을 돌아보는 시뮬레이션 마차 투어 코너가 있어 사전에 동선과 도심의 핵심 볼거리를 파악할 수 있다. 박물관 앞에는 넓은 정원과 함께 도시의 수호 기둥을 모신 사원Lampang City Pillar Shrine이 있다. 두 박물관이 전시 내용이 비슷해 한 곳만 가도 괜찮다.

  - 부미 라콘 박물관: 입장료 무료, 입장시간 월~금요일 8:30~16:30, 휴관일 월요

람빵 박물관

일, 주말과 국경일
- TK 람빵 박물관: 입장료 무료, 입장시간 9:00~17:00 점심시간 12:00~13:00, 휴관일 월요일, 국경일

마차Horse Carriages 타고 람빵 한 바퀴

도자기와 함께 람빵의 상징인 마차는 현재도 람빵 관광객들에게 하나의 볼거리이자 체험거리로 인기가 좋다. 태국에서는 19세기 말에 방콕을 중심으로 왕족과 귀족, 외국인들이 마차를 이용했으나 곧 자동차가 등장하며 서서히 사라졌다. 그러나 같은 시기, 람빵에서는 오히려 1916년 방콕을 오가는 철도가 개통된 이후 람빵역부터 도심까지 약 4km의 길을 오가는 교통수단으로 마차가 각광받았다. 마차 정거장은 람빵 박물관 앞, 핀 호텔Pin Hotel 앞, 위엥통 호텔Lampang Wiengthong 앞 등이다.

- 요금 시내 3km 구간 200밧, 5km 구간 300밧, 시내 1시간 코스 400밧(1인 기준), 영업시간 8:00~18:00

깟 꽁따 야시장Kad Kong Ta Night Market과 오래된 건축물들 둘러보기

람빵의 핵심 볼거리로 꼽히는 깟 꽁따 야시장에는 토요일과 일요일 저녁에만 딸랏 가오Talad Gao를 따라 500m 정도 노점상이 늘어선다. '깟'은 시장, '꽁'은 거리, '따'는 부두를 의미한다. 왕강변에 조성된 이 거리는 100년 전 태국 북부에서 손꼽히는 무역 거리였다. 벌목 사업을 하는 서양인들을 비롯해 미얀마인, 중국인들이 주로 드나든 거리로 당시 거주했던 외국인들의 집이 거리 곳곳에 남아 있어 이국적인 분위기를 풍긴다. 우리나라로 치면 근대 건축물이 많이 남아 있는 군산이나 목포를 떠올리게 한다. 시장이 열리지 않는 날에 가도 다채로운 양식의 건축물을 둘러보는 즐거움이 있다. 도자기 생산지로 유명한 람빵의 상징적인 수탉 그림 그릇도 여기서 살 수 있다.

- 영업시간 토~일요일 16:00~21:00

깟 꽁따의 거리

수탉 그림 그릇

랏사다피섹 다리Ratsadaphisek Bridge와 왕강Wang River 주변 산책하기

깟 꽁따 야시장의 시작점이기도 한 랏사다피섹 다리는 람빵에서 가장 오래된 다리다. 왕강을 건너는 흰색 콘크리트 다리로 람빵 외곽과 도심을 이어주는 상징적인 존재기도 하다. 1894년, 라마 5세의 즉위 25주년을 기념해 건설했으며 현재까지도 차량과 사람이 모두 통행할 수 있는 다리로 이용되고 있다. 다리 아래로 내려가면 왕강변 산책로가 이어진다. 자전거 타기에도, 그냥 걷기에도 괜찮다.

랏사다피섹 다리

미얀마풍 사원, 왓 프라깨우 돈따오Wat Phra Kaew Don Tao와 왓 시롱무앙Wat Si Rongmuang 거닐기

큐피드 장식

왓 프라깨우 돈따오는 14~15세기 무렵 창건한 사찰로 당시 몬, 샨, 란나, 하리푼 차이 등 여러 왕국의 건축 스타일의 영향을 받아 지었다. 16세기, 한 여인이 승려에게 받은 수박을 잘랐더니 에메랄드 불상이 나왔고 그 불상을 이곳 사원에 안치했다는 전설이 있다. 현재 그 불상은 람빵 외곽에 위치한 왓 프라탓 람빵 루앙Wat Phra That Lampang Luang에 모셔져 있다. 사원 내에서 가장 오래된 건축물인 50m의 도금 체디는 부처의 머리카락이 보관된 성전으로 알려져 있다. 체디 옆에 지어진 7단 지붕의 성전은 미얀마의 도시 만달레이 스타일로 1909년에 지은 화려한 외관의 건물인데 특히 큐피드로 장식된 천장이 매우 인상적이다. 왓 시롱무앙은 확연히 다른 외관으로 시선을 끄는 사원이다. 벌목사업이 붐을 이룬 1912년, 람빵에서 사업을 하던 미얀마 부호에 의해 지어졌다. 전형적인 미얀마 스타일로 여러 층의 지붕이 겹쳐진 듯한 목조 지붕과 화려한 내부 장식이 특징이다.

- 왓 프라깨우 돈따오: 입장료 40밧, 입장시간 7:00~17:00
- 왓 시롱무앙: 입장료 50밧, 입장시간 6:00~18:00

금요일 야시장Lampang Cultural Street Market에서 쇼핑하기

도심 동쪽 문화의 거리Cultural Street에서 열리는 금요일 야시장은 무엇보다 번화가도, 주택가도 아닌 매우 한적한 골목에 열리는 시장이어서 번잡함이 덜해 걷기도 좋고 구경하기도 좋다. 즉석 요리, 식재료, 기념품, 골동품, 의류, 잡화 등을 파는 노점상들이 약 300m에 걸쳐 늘어선다.

- 영업시간 금요일 16:30~20:30

왓 시롱무앙

람빵 금요일 야시장

절경의 사원, 왓 찰름 프라끼앗 Wat Chaloem Phra Kiat 방문하기

정확히는 람빵이 아닌 채홈Chae Hom에 위치한 사원이다. 람빵에서 채홈까지 약 60km, 채홈에서 사원까지 10km, 도합 70km를 대중교통으로 이동해야 하는 여정이 다소 까다롭다. 그럼에도 해발 1,000m의 깎아지듯 높은 절

왓 찰름 프라깨앗

벽 위에 세워진 사원 그 자체의 풍경이 아름다워 무리해서라도 이곳에 방문하는 여행자들이 많다. 약 30분간 수많은 계단을 올라 사원에 당도하면 여러 개의 절벽 꼭대기마다 세워진 체디가 보인다. 방문객은 불상이 모셔진 법당과 작은 체디가 세워진 두 절벽을 계단으로 오를 수 있다. 법당에 오르면 동서남북 사방이 트인 절경과 절벽 사원의 위엄이 느껴진다. 사원의 역사는 의외로 길지 않은데 2007년 한 승려가 46명의 현지인들과 함께 약 2년 동안 건축 자재를 지고 나르며 완성했다고 한다.

람빵에서 가려면, 보리분 시장Boribun Market 옆 정류장에서 채홈행 송태우(1207번)를 탄다. 가격은 40밧이며 채홈까지는 1시간 10분 정도 소요된다. 채홈 시내에서 왓 찰름 프라끼앗까지는 송태우나 오토바이 택시를 타야한다. 사원에 도착한 후에는 타고 온 송태우나 오토바이 기사의 연락처를 받아두도록 하자.

- 입장료 490밧(왕복셔틀 포함), 입장시간 7:30~16:30

> **추천코스** 🚶🚗
>
> **첫째날:** 부미 라콘 박물관 또는 람빵 박물관 → 약 1km/도보 15분 → 시내에서 점심식사 → 약 1km/도보 15분 → 마차 타고 시내 한 바퀴 → 약 2km/자동차 10분 → 왓 프라깨우 돈따오 또는 왓 시롱무앙 → 약 2km/자동차 10분 → 깟꽁따 주말 야시장 또는 목요일, 금요일 야시장
> **둘째날:** 람빵 시내 → 약 73km/자동차 2시간 → 왓 찰름 프라끼앗

∨ 어디에서 먹고 쉴까

꽤 규모가 있는 도시라 음식점도 많고 대형 쇼핑몰도 있다. 쾌적함과 편리함을 원한다면 센트럴 플라자 람빵Central Plaza Lampang으로 가자. 여러 체인 식당들과 깔끔한 푸드코트가 있다. 람빵 번화가에서는 시계탑과 가까운 국숫집 꾸아이띠아우 부용Kuay Teow Boo Yong을 추천한다. 룩친느아(소고기완자) 국수가 대표 메뉴다. 아로이 원 밧Aroi One Baht은 늘 사람들로 북적이는 식당인데 이름처럼 카오똠(국밥처럼 끓인 묽은 쌀죽)을 단돈 1밧에 판다. 생선튀김과 채소볶음이 맛있다. 롱 짐 뉴욕 피자Long Jim New York Pizza는 화덕 피자가 유명하다. 카페는 왕강변에 있어 분위기가 좋은 마하밋MAHAMITr을 추천한다. 태국 북부에서 생산한 원두를 포함해 다양한 커피를 맛볼 수 있다.

∨ 어디에서 잘까

숙소도 꽤 많은 편인 데다 가격도 2~3만 원 정도면 괜찮은 호텔에서 하룻밤을 지낼 수 있다. 다만 수영장이나 부대시설이 달린 고급스런 호텔보다는 비즈니스형의 오래된 호텔들이 주를 이룬다. 시내 관광하기 좋은 위치의 호텔로는 핀 호텔, 허그 람빵 부티크 호텔Hug Lampang Boutique Hotel, 아시아 람빵 호텔Asia Lampang Hotel을 추천한다. 살짝 고급스런 분위기의 위엥라꼬 호텔 람빵Wienglakor Hotel Lampang도 있는데 번화가에서 소금 떨어져 있다.

반짜보

빠이 Pai

치앙마이에서 북쪽으로 약 130km 떨어진 매홍손 Mae Hong Son 주의 소도시다. 번화가는 시골 면 소재지만큼 작아도 자유와 자연을 사랑하는 배낭여행자들 사이에서 오랫동안 사랑을 받아왔다. 15년 전만 해도 히피들의 아지트로 유명했지만 현재는 태국 북부의 주요 관광지로 자리매김했다. 유명한 볼거리가 있는 동네는 아니지만 특유의 느릿느릿한 분위기가 느껴지고 태국 시골 마을의 정취가 살아 있으며 여행자들의 편의시설과 커뮤니티가 활성화되어 있다.

∨ **어떻게 갈까**

치앙마이와 빠이를 오가는 미니밴은 치앙마이 버스터미널 2에서 출발, 도착한다. 미니밴을 운영하는 업체는 대표적으로 쁘렘쁘라차 Prempracha와 아야 서비스Aya Service가 있다. 홈페이지(premprachatransports.com)를 통해 예약할 수 있다. 치앙마이에서 빠이까지는 3시간 30분 정도 소요. 캐리어 등의 큰 짐은 차체 위에 싣는다. 미니밴은 오전 7시부터 1~2시간 간격으로 운행한다. 가격은 150~200밧 선. 택시를 대절하면 편도 2,500밧 정도다. 3시간가량 구불구불한 고개 762개를 오르내리기 때문에 출발 30분 전에 멀미약을 먹는 편이 좋다. 보조석에 앉으면 멀미가 덜해서 미니밴에서는 보조석이 인기가 많다.

∨ 어떻게 여행할까

빠이는 흔히 오토바이 타기 좋은 여행지로 알려져 있다. 외국인이 오토바이를 타려면 국제면허증 'A'란에 도장이 찍혀 있어야 한다(50쪽 참조). 그러나 빠이에서의 오토바이 운전은 안전상 추천하지 않는다. 웬만하면 빠이에 있는 여행사를 통해 반나절 혹은 하루 코스로 주변 명소를 도는 여행 프로그램을 이용하거나 차량을 대절해 원하는 장소를 둘러보자.

여행자 거리에서 빈둥대기

'빠이 워킹 스트리트Pai Walking Street'라고도 불리는 여행자 거리는 식당, 카페, 주점, 여행사 등이 모여 있는 빠이의 번화가다. 또한 매일 밤 야시장이 열리는 거리로 낮이고 밤이고 세계 각국에서 모여든 여행자들이 여유롭게 오가는 모습을 볼 수 있다. 소도시답게 크고 번잡한 거리가 아니라서 번화가 하면 떠오르는 소음

빠이 워킹 스트리트

과 인파가 덜하다. 여행자들간의 만남과 식사, 유흥도 대부분 이 거리에서 이루어진다. 상인 외에는 거의 여행자들뿐이다보니 '현지인 느낌'을 기대할 수는 없지만 특유의 나른한 분위기가 있어 한껏 게으르게 산책하고픈 거리이기도 하다. 시내에서 2km 떨어진 언덕에 위치한 사원 왓 프라탓 매옌Wat Phra That Mae Yen에서 빠이 시내 일대를 조망할 수 있다. 새하얀 대불상으로 유명해 '화이트 붓다'로 불리는 절로 시내에서 가까워 산책 삼아 갈 만하다.

윤라이 전망대Yun Lai View Point에서 탁 트인 풍경 감상하기

빠이의 일출 명소로 꼽히는 언덕이다. 산으로 둘러싸인 분지 형태의 빠이 일대를 조망할 수 있다. 사방이 트여 언제 가도 시원한 풍경을 볼 수 있지만 시시때때로 운해의 장관을 볼 수 있는 일출 무렵이 가장 아름답다. 윤라이라는 이름도 한자로 '운래雲來', 즉 '구름이 온다'는 의미에서 유래했다.

- 입장료 20밧, 영업시간 5:00~20:00

윤라이 전망대

밤부 브리지

뱀부 브리지Bamboo Bridge와 팸복 폭포Phaem Bok Waterfall 산책하기

팸복 폭포

사진이나 영상을 통해 보면 "여기가 어디지?" 하고 호기심을 갖게 될 만큼 빠이에서 가장 인상적인 풍경을 보여주는 장소다. 산골짜기에 일군 넓은 논밭 위에 대나무를 엮은 도보용 다리가 730m에 걸쳐 지그재그로 설치되어 있다. 실제 거주하는 농부들이 삼모작을 하는 논이어서 농부들과 소들이 일하는 모습을 볼 수 있다. 뱀부 브리지로 오가는 길목에, 뱀부 브리지와 약 2km 거리에 팸복 폭포가 있다. 나름 빠이의 명소지만 입장료가 400밧인 데 반해 큰 볼거리는 없어서 추천하지 않는다.

- 뱀부 브리지 입장료 30밧, 영업시간 5:00~17:30

사이응암 온천

사이응암 온천 Sai Ngam Hot Spring 즐기기

시내에서 북쪽으로 약 16km 떨어져 있는, 빠이 일대에서 가장 유명한 노천 온천이다. 흐르는 계곡 중간에 간단히 돌담을 쌓아 만들어 그야말로 '자연 속 온천'이다. 주변이 온통 수풀과 밭이라 자연 친화적인 분위기를 만끽하며 따뜻한 물에 몸을 담글 수 있다. 다만 언제 가도 사람이 많고 탈의실이 매우 협소하고 낡았다. 가기 전에 미리 수영복을 안에 입고 갈아입을 겉옷과 수건을 챙겨 가면 좋다. 한국인이 느끼기에 물 온도는 미지근한 편이다. 따끈한 온천을 원한다면 빠이 시내에서 남쪽으로 약 7km 떨어진 타빠이 온천 Tha Pai Hot Spring을 추천한다.

- 입장료 400밧, 영업시간 8:00~17:00

빠이 캐니언 Pai Canyon에서 일몰 보기

일몰 무렵이면 늘 붐비는 곳. 태국어 지명은 꽁란 Kong Lan이다. 여러 갈래의 자연 협곡이 형성된 이곳은 미국의 그랜드캐니언처럼 웅장하진 않다. 그래

빠이 캐니언

도 가파른 절벽 위의 길은 꽤나 아찔해서 모험심 넘치는 여행자들은 여러 갈래의 협곡을 트레킹하며 인증샷을 남기는 데 여념이 없다. 해 질 녘 석양빛에 붉게 물든 절벽이 근사하다. 빠이 시내에서 남쪽으로 8km 정도 떨어진 곳에 위치한다.

반짜보 절벽Ban Ja bo Hill View Point에서 일출 보고 절벽 국수 호로록
빠이에서 북쪽으로 산간도로를 따라 54km를 가면 반짜보라는 동네가 있다. 행정구역 상으로는 빠이를 훨씬 벗어난 빵마빠Pang Ma Pa라는 지역에 속하며 고산족인 라후족이 많이 사는 곳이다. 같은 매홍손 주 안에 있지만 빠이에서는 자동차로 1시간이 걸린다. 이곳에 자리한 반짜보 언덕 전망대에서의 일출이 장관이다. 날씨와 절기에 따라 차이는 있지만, 보통 맑은 날이면 산자락 아래를 가득 채운 운해와 황홀한 빛으로 물든 하늘을 마주할 수 있다. 빠이에서는 새벽 5시 정도에 출발해야 동틀 때부터 여유롭게 풍경을 감상할 수 있다. 전망대 옆에는 6시에 문을 여는 국수집이 있다. 일명 '절벽 국수'로 불리

절벽 국수

는 어묵국수를 판다. 국수 외에도 커피를 종류별로 판매한다. 근사한 전망을 감상하며 따뜻한 국수를 먹어보자. 갈 때는 패딩 점퍼 등 따뜻한 옷을 꼭 챙길 것. 또한 가는 길의 경사가 급격하고 커브가 많은데 조명도 전혀 없어서 오토바이는 절대 추천하지 않는다. 반드시 여행사를 통해 자동차를 타고 가길 추천한다.

대나무 보트 타고 탐롯Tham Lod 동굴 탐험하기
'탐'이 동굴이란 뜻이라 롯 동굴이라고 칭해야 맞지만 외국인들 사이에선 편의상 탐롯 동굴로 부른다. 탐롯은 빵마빠에 위치한 동굴로 내부로 물길이 지나는, 2,000년 된 거대한 석회 동굴이다. 내부에 인공조명이 전혀 없기 때문에 동굴 내부는 가스등을 든 현지인 기이드와 함께 둘러볼 수 있다. 입장 시 현장에서 바로 현지인 가이드가 배정된다. 가이드를 따라 동굴 내부를 걷거나 오르면서 특이한 모양의 종유석과 석순 등을 구경한다. 대나무 보트 탑승은 추가 요금이 발생하기 때문에 입장할 때 미리 결정하고 돈을 낸다. 이왕

탐롯 동굴

동굴까지 왔으니 대나무 보트도 꼭 타보길 추천한다. 우기 때는 입구 쪽 동굴만 개방하기 때문에 건기 때 가는 것을 추천한다.

- 입장료 가이드 대나무 보트 포함 3인 600밧(보트 정원이 3명), 영업시간 8:00~17:30

효율적으로 여행사 투어를 활용하기

왓 프라탓 매옌, 윤라이 전망대, 뱀부 브리지, 팸복 폭포, 빠이 캐니언 등 주요 관광지 10곳을 오전 10시부터 오후 6시 30분까지 도는 여행사 투어가 있다. 빠이 내 거의 모든 여행사가 같은 코스로 운영하는데, 가격은 900밧으로 점심식사와 입장료가 포함된 금액이다. 반나절 투어는 오후 1시부터 오후 6시 30분까지, 하루 코스에서 온천을 뺀 9곳의 명소를 돌며 가격은 300밧이다. 입장료가 포함된 가격이다. 최소 10명의 인원이 지정된 장소를 제한된 시간 안에 돌기 때문에 한 장소에서 머무는 시간은 온천을 제외하면 20분 안팎으로 짧다.

빵마빠에 위치한 반짜보와 탐롯 동굴을 함께 묶은 반나절 투어도 있다. 새벽 5시에 빠이를 출발해 반짜보 일출을 보고 국수 한 그릇으로 배를 채운 후 탐롯 동굴로 간다. 빠이 시내로 돌아오면 12시쯤 된다. 최대 4명까지 탈 수 있는 차량 대절은 빠이 워킹 스트리트에 위치한 여행사에서 1,600~2,000밧 사이로 흥정할 수 있다.

> **추천코스**
> **첫째날:** 시내(점심식사) → 2.5km/자동차 8분 → 왓 프라탓 매옌 → 8km/자동차 20분 → 윤라이 전망대 → 15km/자동차 30분 → 뱀부 브리지와 팸복 폭포 → 11km/자동차 25분 → 빠이 워킹 스트리트
> **둘째날:** 시내(아침식사) → 16km/자동차 25분 → 사이응암 온천 → 16km/ 자동차 25분→ 시내(점심식사) → 8km/자동차 15분 → 빠이 캐니언

∨ 어디에서 먹고 쉴까

빠이 워킹 스트리트에 레스토랑과 카페가 몰려 있다. 매일 저녁 야시장이 서기 때문에 노점상에서 저렴한 간식거리를 이것저것 사먹기도 좋다. 태국식, 양식을 두루 판매하는 빠이 리버 코너 레스토랑Pai River Corner Restaurant은 빠이 강가에 위치해 주변 경치를 보며 식사를 할 수 있다. 강폭이 좁고 사람만 오갈 수 있는 대나무 다리가 가까워 시골 냇가에서 밥 먹는 기분이다. 찰리 앤드 렉Charlie & Lek은 여행자들의 전폭적인 지지를 받는 레스토랑. 팟타이, 볶음밥, 카우소이 등 태국식을 두루 파는데 맛도 무난하고 가격도 적당하다. 빠이에는 시내뿐만 아니라 외곽 곳곳에 숨은 카페들도 적지 않다. 커피 인 러브Coffee In Love는 빠이 외곽의 카페로 산과 밭, 강이 어우러진 빠이의 자연 풍경을 내려다볼 수 있는 카페다.

찰리 앤드 렉

네스트 하우스

∨ 어디에서 잘까

숙박업소는 빠이 워킹 스트리트 주변으로 많이 모여 있다. 배낭여행자들이 많은 도시다보니 저렴한 게스트하우스형 숙소가 다수다. 특히 빠이에는 게스트하우스든 리조트든 독채의 방갈로 형태의 숙소가 굉장히 많다. 크고 작은 정원과 어우러져 있지만 단열과 벌레에 취약하다. 11월부터 2월까지는 아침, 저녁 기온이 영하에 가까울 만큼 춥다. 이 시기 빠이 방문자라면 두꺼운 겉옷과 방한용품을 챙겨가는 편이 좋다. 대부분 숙소가 춥기 때문이다.

    빠이 시내에 위치한 네스트 하우스The Nest House는 작은 정원이 딸린 방갈로형 호텔로 방갈로마다 해먹이 걸려 있다. 네스트 하우스와 이웃한 패밀리 하우스 젠 부티크 리조트Family House Zen Boutique Resort는 가격은 두 배 이상 비싸지만 그만큼 쾌적한 객실 컨디션을 제공하고 작은 수영장도 있다. 오이아 빠이 리조트The Oia Pai Resort는 4성급 리조트 호텔로 넓은 수영장과 24시간 운영하는 무료 셔틀 서비스가 있어 시내와 살짝 거리가 있어도 불편함이 없다. 이곳과 비슷한 서비스와 분위기의 호텔이 레버리 시암 리조트Reverie Siam Resort다.

치앙라이 Chiang Rai

치앙마이에서 북쪽으로 약 200km 떨어진 태국 최북단 도시다. 과거 마약 생산지라는 오명으로 알려졌지만 현재는 커피와 차를 생산하는 자연의 도시로, '힐링 시티'로 명성을 얻고 있다. 미얀마와 라오스를 접한 국경지대가 가까워 많은 관광객이 찾는다.

∨ 어떻게 갈까

치앙마이 버스터미널 3에서 그린버스Greenbus를 탑승하면 된다. 그린버스는 버스 회사 이름이며 앱이나 홈페이지(www.greenbusthailand.com)를 통해 예약할 수 있다. 원하는 날짜와 시간에 가려면 예약을 하는 편이 좋다. 치앙라이까지는 약 3시간 30분 정도 소요된다. 당일 투어로 간다면 여행사 밴을 이용할 수도 있지만 왕복 6시간을 도로에서 보내기 때문에 추천하지 않는다.

∨ 어떻게 여행할까

치앙라이 시내는 충분히 도보로 다닐 수 있고, 도심에서 조금만 벗어나면 한적한 자연을 만끽할 수 있다. 치앙라이 내에서는 택시를 이용할 수 있어 편리하다. 그 밖에 시내버스, 송태우로 움직일 수 있다. 왓 롱쿤이나 싱하 파크, 골든 트라이앵글 등은 치앙마이 외곽에 있으므로 택시를 하루 단위로 빌려 한꺼번에 돌아보는 편을 추천한다. 하루 1,800~2,000밧 정도로 기사가 있는 차량을 대절할 수 있다.

왓 롱스뗀Wat Rong Seur Ten과 강변 카페를 산책하기

이른바 블루 템플Blue Temple로 불리는 왓 롱스뗀은 사원 전체를 파란색으로

왓 롱스뗀

장식해 매우 강렬한 인상을 주는 사원이다. 본래 터만 남아 있었으나 2016년 재건했다. 사원에서 10분 정도 걸으면 치앙라이의 젖줄, 꼭강Kok River이다. 강변의 카페 치윗 탐마다Chivit Thamma Da와 마노롬 커피Manorom Coffee는 치앙라이에서 가장 유명한 카페들로 아름다운 정원에서 꼭강 풍경을 바라보며 식사나 음료를 즐길 수 있다.

- 왓 롱스뗀: 입장료 무료, 입장시간 7:00~20:00

저녁에는 치앙라이 야시장과 황금시계탑으로

치앙라이의 상징 중 하나로, 큰 규모의 시계탑은 아니지만 밤에는 조명이 켜져 더욱 화려해 보인다. 황금시계탑을 중심으로 북쪽은 매주 토요일 저녁마다 열리는 치앙라이 스트리트 마켓, 남쪽은 매일 밤 열리는 치앙라이 나이트 바자가 있다. 일요일 야시장은 황금시계탑에서 남쪽으로 약 1km 떨어진 산

치앙라이 야시장

황금시계탑

콩노이 로드Sankhongnoi Rd에서 열린다. 치앙라이 병원과 가깝다. 치앙라이 야시장은 소도시 시장답게 번잡함은 덜하고 물건의 가격도 살짝 저렴한 편이다. 일몰 즈음 열리기 시작해 오후 11시쯤 폐장한다.

세상에서 가장 하얀 사원 왓 롱쿤Wat Rong Khun과 가장 비싼 화장실 방문하기
치앙라이 제1의 명소로 꼽히는 곳. 별칭처럼 온 건물이 새하얗게 칠해져 예스

왓 롱쿤

런 분위기는 느낄 수 없는 현대적인 사원이다. 찰름차이 코싯피팟Chaloemchai Khositphiphat이라는 태국의 예술가가 1997년 자비를 들여 설계하고 세웠다. 치앙라이의 황금시계탑도 그의 작품이다. 흰색은 부처의 순수함을 의미하며 위한(본당)으로 들어서는 연못 위 다리는 윤회사상을 뜻한다. 다리 초입부에는 지옥에서 괴로워하는 중생을 묘사한 조형물을 설치해 눈길을 끈다. 위한 내부는 극락을 의미한다. 새하얀 사원이 반영된 연못 앞이 포토 스폿이다. 성수기에는 연일 사람으로 붐빈다. 사원 내부에 온통 황금빛인 사각의 화장실 건물이 있는데 소위 태국에서 가장 '비싼 화장실'로 불린다.

- 입장료 100밧, 입장시간 매일 8:00~17:00

알쏭달쏭 기묘한 반담 박물관Baan Dam Museum 구경하기
치앙라이의 삼색 명소 중 한 곳이다. 삼색이라 함은 '화이트 템플'로 불리는 왓 롱쿤, '블루 템플'로 불리는 왓 롱쓰땐 그리고 '블랙 하우스'로 불리는 이곳

반담 박물관

반담 박물관을 가리킨다. '반Baan'은 집을, '담Dam'은 검은색을 의미한다. 이곳은 치앙라이 출신의 예술가 타완 닷차니Thawan Duchanee의 집이자 전시실을 겸한 작업공간이었다. 2014년 그가 세상을 떠난 후 박물관으로 대중에 공개됐다. 티크로 지은 란나 양식의 검은색 건물들이 넓은 부지 내에 여러 동 있으며 각 건물에는 그가 생전에 모은 동물의 뼈와 가죽으로 만든 작품들이 있다. 죽음과 어둠, 과거와 현재를 관통하는 이미지들을 통해 인간의 잠재의식을 탐구했다는 그의 작품들은 다소 그로테스크한 느낌을 주기도 한다. 작품과는 별개로 정원이 워낙 넓어서 산책하듯 가볍게 둘러보기엔 괜찮은 장소다.

- 입장료 80밧, 영업시간 매일 9:00~17:00

드넓은 초록 정원 싱하 파크Singha Park에서 힐링 타임

태국의 대표적인 주류회사인 싱하Singha에서 조성한 녹지형 테마 파크다. 이름 탓에 맥주 공장 견학이나 시음을 기대하는 이들도 있지만 아쉽게도 맥주와 관련한 시설은 없고 잔디밭 위에 싱하 동상이 세워져 있을 뿐이다. 매점에서 판매하는 맥주만 마실 수 있는데 그마저도 주류 판매 금지 시간(오후 2~5시)에는 마실 수 없다. 치앙라이에는 차밭이 많은데 이곳 또한 넓은 차밭과 잔디밭, 호수, 레스토랑 등으로 이루어져 있다. 규모가 커서 셔틀이나 자전거

싱하 파크

를 타고 돌아보는 편이 좋다.

- 입장료 무료, 셔틀 이용료 150밧, 자전거 이용료 150밧(1시간), 영업시간 9:00~18:00

과거 최대의 아편 생산지 골든 트라이앵글Golden Triangle 조망하기

태국, 미얀마, 라오스 3국의 국경지대이자 3국을 동시에 눈에 담을 수 있는 골든 트라이앵글. 이곳은 사실 치앙라이에서 북쪽으로 60km 떨어져 있는 치앙샌Chiang Saen에 위치한다. 평범한 메콩강가 풍경인데, 곳곳의 이정표가 어느 방향이 태국이고 미얀마인지, 또 라오스인지를 알려준다. 그럼에도 '골든'이라는 수식이 붙은 이유는 1950년대부터 1980년대에 이르기까지 세계 최대 아편 생산지로 마약 생산과 밀거래가 성행했던 곳이기 때문이다. 이제 각국 정부의 단속 강화로 마약 생산과 거래는 감소했고 태국 쪽 양귀비밭은 대부분 차밭으로 바뀌었다. 골든 트라이앵글 뷰포인트Viewpoint, 왓 프라탓 도이 뿌카오Wat Pra That Doi Pukhao, 임페리얼 골든 트라이앵글 리조트The Imperial Golden Triangle Resort가 골든 트라이앵글 일대를 조망하기 좋은 장소다.

골든 트라이앵글

커피 마니아라면 커피 농장 투어하기

동남아의 커피 메카인 태국 북부지역, 그중에서도 커피 산지로 유명한 치앙라이의 도이창 커피 농장Doi Chang Coffee Farm에 직접 방문해보자. 커피에 대해 잘 몰라도 볶은 원두향 가득한 특별한 하루를 보내고 싶다면 일부 카페에서 열리는 커피 원데이 클래스에 참여해도 좋다. 커피 농장에서는 농장 내부를 직접 둘러보며 열매를 따보고 생두의 탈곡, 건조, 세척, 분류, 로스팅의 전 과정을 배울 수 있다. 기술을 체득한다기보다 한 잔의 커피가 어떤 과정으로 만들어지는지 이해하는 과정에 가깝다.

- 영업시간 7:30~18:00,
  홈페이지 www.facebook.com/DOICHANGCOFFEEFARM

추천코스

첫째날: 왓 롱스뗀 → 800m/도보 9분 → 강변 카페에서 점심식사와 커피 → 10km/자동차 20분 → 반담 박물관 → 11km/자동차 20분 → 치앙라이 나이트 바자

둘째날: 왓 롱쿤 → 10km/자동차 20분 → 싱하 파크 → 14km/자동차 25분 → 치앙라이 시내에서 점심식사 → 70km/자동차 1시간 15분 → 골든 트라이앵글

∨ 어디에서 먹고 쉴까

치앙라이 나이트 바자에는 넓은 광장형 푸드코트가 있어서 다양한 태국 음식을 사서 광장 테이블에 앉아 먹을 수 있다. 특히 태국 북부식 샤브샤브 요리인 침춤(241쪽)을 많이 판다. 센트럴 치앙라이Central Chiang Rai도 쾌적한 쇼핑과 식사를 즐길 수 있지만 도심에서는 다소 거리가 있다. 담백한 소고기 국수가 대표메뉴인 쩨히앙Jea Heang, 북부 음식 전문점 바랍Barrab을 추천한다.

카페는 꼭강변의 정원이 아름다운 마노롬 커피, 식사를 겸할 수 있는 유

쩨히앙

베체구 커피

럽풍 카페 치윗 타마다, 역시 정원이 아름답고 브런치가 괜찮은 멜트 인 유어 마우스Melt In your Mouth를 추천한다. 시내에 위치한 베체구 커피Bechegu Coffee는 치앙라이 최고의 커피숍으로 꼽히는 곳이다.

∨ 어디서 잘까

치앙라이의 번화가인 황금시계탑 주변으로 많은 호텔과 게스트하우스가 있다. 치앙라이 호텔Chiang Rai Hotel은 황금 시계탑 바로 뒤에 있는 호텔로 군더더기 없이 깔끔하다. 황금시계탑에서 도보 5분 거리인 르 빠따 호텔Le Patta Hotel은 4성급 부티크 호텔로 아늑한 객실과 아름답게 꾸민 정원과 수영장, 다채로운 뷔페식 조식이 괜찮다. 치앙라이의 터줏대감 같은 위앙 인 호텔 Wiang Inn Hotel은 4성급 대형 호텔로 전체적으로 오래된 느낌이긴 하지만 객실은 깔끔하게 관리되고 있다. 슬리피 하우스Sleepy House는 소위 가성비가 좋은 숙소로, 신축 건물에 트렌디한 인테리어가 강점으로 꼽힌다. 꼭강변에는 4~5성급 리조트 호텔이 여럿 모여 있다. 리베리 바이 까따타니The Riverie by Katathani, 임페리얼 리버 하우스 리조트Imperial River House Resort 등이 전망 좋은 자리에 고급스런 자태로 자리 잡고 있다.

4부
치앙마이의 다채로운 음식들

치앙마이에서 뭘 먹을까?

태국 음식 BEST 20

팟타이 & 팟시우(팟씨유)
ผัดไทย phat thai & ผัดซีอิ๊ว phat siiw

태국 대표 볶음국수. '팟'은 볶음, '타이'는 태국을 뜻하니 팟타이는 태국식 볶음국수라는 의미다. 보통은 새우(꿍)를 넣어 볶기 때문에 '팟타이 꿍'이라고도 불린다. 팟시우에서 '시우'는 간장이라는 뜻이고, 팟타이보다 넓은 면(센야이)을 이용해 간장에 볶는다. 팟시우에는 보통 돼지고기를 넣는다.

똠얌꿍
ต้มยำกุ้ง tomyamkung

'똠'은 끓이다, '얌'은 새콤하다는 뜻이어서 '똠얌'은 새콤한 국물인데, 새우

(꿍)를 넣은 똠양꿍이 가장 유명하다. 태국 음식 입문자들이라면 신맛 때문에 입맛에 맞지 않다고 느낄 수 있다. 그러나 자꾸 먹다 보면 시고 맵고 단 맛이 다채롭게 느껴지면서 어째서 '태국의 김치찌개'라 불리는지 이해된다.

팟팍붕파이댕

ผัดผักบุ้งไฟแดง phat phakbung faidaeng

공심채(팍붕)를 시뻘건 불(파이댕)에서 볶은(팟) 요리. 태국식 된장인 따오치아우와 굴소스, 피시소스(액젓)를 넣고 가볍게 볶아낸 요리. 공심채는 향이 없고 아삭아삭해서 밥에 곁들여 먹기 딱 좋은 반찬이다.

여러 가지 채소를 같은 방법으로 볶은 음식은 팟팍루암밋phat phak ruam mit이라고 한다.

카이치아우

ไข่เจียว khai chiaw

태국식 오믈렛. 말이 태국식이지 그냥 달걀부침이라고 보면 된다. 밥과 곁들여 먹으면 좋다.

솜땀

ส้มตำ somtam

그린파파야를 채 썰어 피시소스에 무친 요리. 무생채를 액젓에 무친 맛과 비슷하다. 솜땀을 만들 땐 꼭 양념을 찧었던 절구통에 채 썬 파파야를 넣고 무친다. 우리네 김치처럼 종류가 다양하고 밥이나 구운 고기에 곁들여 먹기도, 또 소면을 넣어 비벼 먹기도 한다.

카우팟

ข้าวผัด khaw phat

'카우'는 밥, 카우팟은 볶음밥이다. 간을 세게 하지 않고 기름에 달달 볶아낸다. 주재료가 무엇이냐에 따라 카우팟 뒤에 재료 이름이 붙는다. 새우볶음밥이면 카우팟 꿍kung, 닭고기볶음밥이면 카우팟 까이kai, 오징어볶음밥이면 카우팟 쁠라믁plamuek, 게살볶음밥이면 카우팟 뿌pu.

팟까프라우 무삽

ผัดกะเพราหมูสับ phatkaphraw musap

'까프라우'는 타이 바질이다. '무'는 돼지고기, '삽'은 다졌다는 뜻이다. 즉, 타이 바질과 다진 돼지고기를 볶은(팟) 요리로 양념은 굴소스, 간장을 기본으로 해서 한국인 입맛에도 잘 맞는다. 밥에 올려 달걀프라이와 함께 덮밥처럼 즐긴다.

뿌팟퐁커리(뿌팟퐁까리)

ปูผัดผงกะหรี่ puphatphongkari

커리 가루(퐁까리)를 개어 만든 양념으로 게(뿌)를 볶은(팟) 요리. 게를 껍질째 볶아 만들기도 하고 게살만 발라내 만들기도 한다. 밥을 비벼 먹으면 맛있다. 해산물 식당에서는 보통 게를 통째로 볶아내기 때문에 가격이 비싼 편.

까이양 & 무양

ไก่ย่าง & หมูย่าง kaiyang & muyang

'양'은 굽는다는 의미다. 닭고기(까이)를 구우면 까이양, 돼지고기(무)를 구우면 무양이다. 야외에서 그릴 위에 치킨이나 돼지고기를 굽는 모습은 태국 길거리 어디에서나 쉽게 볼 수 있다. 보통 찹쌀밥인 카우니아우(카우니여우)와 함께 먹는다. 누구나 맛있게 즐길 수 있다.

쪽 & 카우똠

โจ๊ก chok & ข้าวต้ม khaw tom

쪽은 쌀죽이다. 태국인들이 아침식사로 즐겨 먹는다. 보통 돼지고기나 닭고기를 넣어 끓인다. 카우똠은 죽보다 묽은 국밥이다. '카우'는 밥, '똠'은 끓이다. 두 가지 모두 한국인 입맛에 잘 맞는다.

쁠라양

ปลาย่าง playang

그릴에 구운 생선이다. 쁠라빠오plapao라고도 한다. 주로 민물 생선을 많이 사용하는데 우리나라 민물고기처럼 흙냄새가 강하진 않다. 생선을 튀긴 것은 쁠라톳plathot, 생선을 삶은 것은 쁠라능planueng

이라고 한다. 쁠라양은 남침탈레namchim thale(고추, 라임 등을 넣어 만든 해산물 소스)를 곁들여 먹는다.

카우니아우(카우니여우)

ข้าวเหนียว khaw niaw

일반 쌀로 지은 밥은 '카우', 찹쌀밥은 '카우니아우'다. 찰기가 덜한 태국쌀이 입에 맞지 않는다면 쫀득쫀득한 카우니아우가 나을 수 있다. 카우니아우는 보통 까이양, 무양 등 구운 고기 요리나 솜땀과 같이 먹는다. 작은 비닐봉지에 1인분씩 넣어 판다.

쁠라믁 팟남프릭파우

ปลาหมึกผัดน้ำพริกเผา plameuk phat namphrikphaw

태국식 고추장 남프릭파우로 오징어(쁠라믁)를 볶은(팟) 요리. 매콤힌 오징어볶음 요리로 밥에 올려 덮밥처럼 먹거나 단일 요리로 즐긴다.

무뼁

หมูปิ้ง muping

'무'는 돼지고기, '뼁'은 굽다는 의미로 돼지고기 꼬치다. 대표적인 길거리 음식으로 간식 삼아 가볍게 사먹기 좋다. 양념이 달콤 짭짤해서 반찬으로 먹기도 좋다.

카우카무

ข้าวขาหมู khawkhamu

'카무'는 돼지족발을 뜻한다. 흔히 한국인들이 족발덮밥이라고 부른다. 우리나라 족발처럼 간장 양념에 오랫동안 끓여 흐물흐물해진 족발을 썰어 밥에 올려 먹는다. 같은 양념에 조린 달걀과 절인 갓(빡갓동 pakgaddong)을 곁들인다.

카우만까이

ข้าวมันไก่ khawmankai

중국에서 건너온 음식으로 하이난 치킨라이스라고도 부른다. 닭육수로 지은 밥 위에 역시 같은 육수에 삶은 닭고기를 한입 크기로 잘라 올려 먹는다. 담백한 맛이어서 태국식 된장 따오치아우와 간장으로 맛을 낸 양념을 곁들여 먹는다.

숩끄라둑무

ซุปกระดูกหมู supkradukmu

'숩'은 국, '끄라둑무'는 돼지 뼈를 뜻한다. 국숫집이나 밥집을 가면 돼지등뼈나 돼지 등갈비를 주재료로 만든 요리를 자주 볼 수 있다. 특히 돼지등뼈를 넣어 말갛게 우린 국물에 국수를 말거나 밥을 말아 먹는 음식은 우리나라 뼈해장국의 '맑은 국물 버전'이라고 보면 된다.

오수안(어쑤언)

ออส่วน

밀가루와 달걀 반죽물에 굴을 넣어 부친 굴부침개다. 부침개 밑에 볶은 숙주를 깔고 보통 스위트 칠리소스를 곁들인다. 굴로 만든 것은 오수안, 홍합으로 만든 것은 호이톳hoithot이라고 부른다. 길거리에서 자주 볼 수 있으며 막걸리가 생각나는 맛이다.

수끼

สุกี้ suki

핫팟hot pot, 혹은 수끼남sukinam이라고 부르는 샤부샤부 요리. 끓는 육수에 다양한 채소와 어묵, 고기를 데쳐 소스에 찍어 먹는다. 국수를 넣어 먹거나 남은 육수에 밥을 넣어 죽을 만들어 먹기도 한다. 샤부샤부에 넣는 재료를 국물 없이 볶는 음식은 수끼행sukihaeng이라고 한다.

깽키아우완 & 깽펫

แกงเขียวหวาน kaeng khiaw wan & แกงเผ็ด kaeng phet

태국식 커리다. 대중적인 음식임에도 한국인들이 많이 찾지는 않는다. 깽끼아우완은 그린커리, 깽펫은 레드커리다. '깽'이 커리라는 뜻. 주로 닭고기나 새우를 넣는다. 맛과 향이 부드러워서 커리를 좋아한다면 누구나 즐길 만한 음식이다.

태국 북부지역 음식 BEST 7

카우소이

ข้าวซอย khaw soi

태국 북부를 대표하는 국수다. 코코넛밀크와 커리를 베이스로 한 국물에 칼국수 면발 같은 노란 면, 토핑으로 올린 바삭한 튀긴 면이 인상적인 국수다. 보통 닭고기를 넣는다. 고소하면서도 다양한 식감이 어우러져 태국 북부지역에 왔다면 한 번쯤 먹어볼 만한 음식이다.

오드프므앙

ออเดฟเมือง odoefmueang

에피타이저를 뜻하는 프랑스어 오르되브르에서 비롯된 이름이다. 북부식 소시지인 사이우아, 데친 채소, 캡무(돼지껍질 튀김)가 소스 남프릭옹 namphrikong과 남프릭눔 namphriknum과 함께 한 접시에 나오는 모둠 전채 요리다. 남프릭옹은 토마토와 홍고추, 다진 돼지고기를 넣은 붉은색 소스이고, 남프릭눔은 풋고추와 마늘을 넣은 초록색 소스다.

칸똑

ขันโตก khantok

오드프므앙이 북부식 한 접시 요리라면 칸똑은 북부식 한 상 요리. 둥근 소반 위에 북부식 커리 깽항레, 사이우아, 캡무, 데친 채소, 남프릭눔, 남프릭옹, 찹쌀밥 카우니아우를 한 상에 올린다.

사이우아

ไส้อั่ว saiua

'사이'는 내장을 의미하고 '우아'는 채운다는 의미다. 다진 돼지고기에 커리, 고춧가루, 채소 등을 같이 만든 갖가지 양념을 더해 발효시킨 소시지다. 발효를 거치기 때문에 약간 시큼한 맛이 난다. 사이우아는 굽거나 삶아 먹는다.

깽항레

แกงฮังเล kaenghangle

미얀마식 커리로 돼지고기를 숭덩숭덩 썰어 넣은 자작한 커리다. 생강과 허브 맛이 나지만 강하지 않고 부드럽게 즐길 수 있는 요리다.

남응이아우(남니여우)

น้ำเงี้ยว nam ngiaw

보통 카놈친khanomchin(소면) 남응이아우라고 불린다. 돼지등뼈를 우려 얼큰하게 간을 맞춘 육수에 선지를 넣어 소면을 말아 먹는 북부 음식이다. 육개장과 선지해장국의 중간쯤 되는 맛으로 한국인 입맛에 잘 맞는다.

침춤

จิ๋มจุ่ม chimchum

북부식 샤부샤부다. 무춤muchum이라고도 부른다. 고기와 채소를 팔팔 끓는 육수에 넣어 익힌 후 소스에 찍어 먹는 방식은 별다를 게 없지만 숯불과 토기를 이용한 전통 방식이 인상적이다.

태국 길거리 간식 BEST 8

과일

ผลไม้ phonla mai

저렴한 무앙마이 시장(87쪽 참조)에서 제철 과일을 킬로그램 단위로 사는 편을 추천한다. 길거리에서도 작은 비닐에 자른 생과일을 넣어 판다. 20~30밧 선. 수박(땡모taengmo)과 태국 멜론인 켄탈롭은 계절과 관계없이 먹을 수 있다. 망고스틴(망쿳mangkhut)은 5~10월, 망고(마무앙mamuang)는 3~6월, 파인애플(사빠롯sapparot)은 4~8월이 제철이다.

생과일 스무디

ปั่น pan

흔히 사 마실 수 있는 과일 스무디는 수박(땡모)과 파인애플(사빠롯), 멜론(켄탈롭), 귤(솜som)이다. 땡모빤, 사빠롯빤 등 과일 이름 뒤에 '빤pan'을 붙이면 과일을 갈았다는 의미다. 망고 스무디는 제철에도 망고 디저트 전문점이나 카페에 가야 맛볼 수 있는 경우가 많다. 설탕을 빼달라고 할 때는 '마이사이 남딴maisai namtan'이라고 하면 된다.

로띠

โรตี roti

납작하게 구운 밀가루빵으로 서남아, 동남아 여러 국가에서 대중적인 간식으로 즐겨 먹는다. 태국식 로띠는 주로 한입 크기로 썬 바나나와 연유를 곁들여 달콤하게 즐긴다. 기호에 따라 다양한 토핑을 올릴 수 있다.

카놈브앙

ขนมเบื้อง khanombueang

'카놈'은 과자란 뜻이다. 밀가루 반죽을 팬에 얇게 펴발라 구운 후 반으로 살짝 접어 그 위에 달콤한 크림과 코코넛 혹은 포이통 foi thong이라 부르는, 달걀과 설탕 시럽으로 만든 얇은 타래 같은 것을 올린다. 웨이퍼 롤처럼 바삭한 질감이다.

카우땐

ข้าวแต๋น khawtaen

바삭바삭한 쌀 뻥튀기다. 한국인이라면 반가워할 주전부리로 주로 태국 북부지역에서 먹는다. 손바닥만 하게 튀겨서 여러 개 묶음으로 판다.

카놈크록

ขนมครก khanom khrok

태국식 풀빵. 겉은 바삭하고 속은 질다 싶을 정도로 촉촉하다. 쌀가루와 코코넛밀크를 주재료로 반죽해 타코야키 팬처럼 생긴 전용 틀에 굽는다.

각종 꼬치와 구이

까이양(닭구이), 무삥(돼지고기 꼬치) 등 식당에서도 맛볼 수 있는 각종 꼬치와 구이류의 음식도 길거리에서 흔하게 볼 수 있다.

캡무

แคบหมู khaepmu

돼지껍질 튀김이다. 길거리보다는 시장에서 자주 볼 수 있고 국수나 밥 등 음식에 곁들여 나오는 경우도 많다. 남프릭눔이나 남프릭옹과 같은 양념에 찍어 먹기도 한다. 그냥 먹어도 바삭하고 고소하다.

태국 국수 마스터하기

태국 국수, 어떤 게 있나

동남아 국수하면 아무래도 베트남 쌀국수를 떠올리는 이들이 많겠지만 태국도 못지않은 국수 대국이다.

국물 국수

분류	종류	특징	주요 고명
꾸아이띠아우 (꾸에이띠여우) ก๋วยเตี๋ยว kuaitiaw	남사이 น้ำใส namsai	맑고 향 없이 구수한 국물. 별다른 추가 양념 없이 고기나 뼈로 우린다.	돼지고기, 소고기, 닭고기, 오리고기, 어묵, 완자, 내장, 해산물, 만두 등
	똠얌 ต้มยำ tomyam	시고 매콤한 국물. 남사이에 고춧가루, 액젓, 라임 등을 추가해 신맛을 낸 것으로 보통은 똠얌꿍처럼 코코넛밀크가 들어가지 않기 때문에 맑은 편이다.	

245

분류	종류	특징	주요 고명
꾸아이띠아우 (꾸에이띠여우) ก๋วยเตี๋ยว kuaitiaw	남똑 น้ำตก namtok	선지를 풀어 국물이 유난히 검고 진하다. 색깔만큼 맛도 진한데 짜고 시고 단 맛이 동시에 느껴진다. 배에서 팔던 국수에서 유래했다고 해서 흔히 보트누들(꾸아이띠아우 르아ruea)이라고 불린다.	돼지고기, 소고기, 완자, 내장 등
	뚠 ตุ๋น tun	남사이에 간장으로 간을 해 국물이 진하다. 족발 삶은 국물 같다.	돼지고기, 소고기, 닭고기, 오리고기, 어묵, 완자, 내장, 해산물 등
카우소이 ข้าวซอย khawsoi	커리와 코코넛밀크를 기본으로 한 진한 국물	고소하고 깊은 국물 맛. 면은 칼국수처럼 도톰하다. 고명으로 튀긴 면을 올려서 바삭함과 부드러움을 동시에 느낄 수 있다.	주로 닭고기 (식당에 따라 소고기나 해산물 등을 올릴 수 있음)
남응이아우 (남니여우) น้ำเงี้ยว namngiaw	돼지고기 육수에 매콤한 양념장을 넣어 붉고 얼큰하게 만든 국물	고춧가루와 마늘, 양파, 토마토 등을 섞은 양념장으로 끓여 얼큰한 맛이 나며 주로 카놈친(소면)을 말아 먹는다.	돼지고기
옌타포 เย็นตาโฟ yentafo	핑크빛의 새콤달콤한 국물	새콤하지만 똠얌 국물과는 다르며 한국인들에게는 다소 생소한 맛. 붉은 콩으로 만든 중국 양념장을 기본으로 한다.	어묵, 해산물, 만두 등
꾸아이찹 ก๋วยจั๊บ kuaichap	남사이 혹은 남콘 namkhon(간장 베이스의 국물)	펜네처럼 짧고 돌돌 말린 면을 사용하며 다양한 토핑을 올린다.	튀긴 삼겹살(무끄롭), 소시지, 돼지 내장, 달걀 등

볶음국수

분류	특징	주요 재료
팟타이 ผัดไทย phat thai	태국 길거리나 식당에서 쉽게 볼 수 있는 볶음국수. 기름지고 달고 짭짤하다.	새우, 튀긴 두부, 숙주, 부추, 달걀, 땅콩 등
팟시우 ผัดซีอิ๊ว phat siiw	넓은 면을 주로 쓰며 간장 소스에 볶아낸 볶음국수. 역시 기름지고 짭짤하다.	돼지고기, 중국 케일(팍카나), 달걀 등
랏나 ราดหน้า ratna	녹말물을 풀어 탕수육 소스처럼 걸쭉한 국물이 특징.	돼지고기, 해산물, 중국 케일(팍카나) 등

면의 종류

센미 เส้นหมี่ senmi, **센렉** เส้นเล็ก senlek, **센야이** เส้นใหญ่ senyai

모두 쌀이 주재료이며 면의 굵기 차이다. 대부분 국숫집에서 이 세 가지 국수 종류 중 하나를 선택할 수 있다. '쎈'은 태국어로 면을 뜻하며 '센미'는 가는

247

면, '센렉'은 중간 면, '센야이'는 넓은 면이다. 센렉은 국물 있는 국수에, 센야이는 볶음국수(특히 팟시우)에 선호도가 높다.

바미 บะหมี่ bami

라면처럼 생긴 노란색 면으로 꼬들꼬들한 식감이다. 국물을 뺀 국수를 '행haeng'이라고 하는데 행을 먹을 때 태국인들이 선호하는 면이다. 라면 '마마Mama'와 비슷한데 바미는 생면, 마마는 인스턴트 면으로 다르다. 마마는 라면 브랜드 이름인데 통상 라면이라 하면 마마라는 고유명사로 부른다.

운센 วุ้นเส้น wunsen

가늘고 투명한 태국식 당면이다. 보통 '얌운센'이라고 부르는 샐러드 느낌의 비빔국수에 사용되며 수끼(샤부샤부)를 즐길 때도 사리처럼 넣어 먹는다. 국물 국수나 팟타이의 면으로 운센을 쓰는 경우도 종종 있다.

카놈친 ขนมจีน khanomchin

우리의 소면과 거의 같다. 가는 쌀면으로 남응이아우와 짝꿍이다. 국물에 넣거나 볶아 먹는 경우는 없고 주로 남응이아우 같은 소스를 부어서 먹는 국수에 사용한다.

센카우소이เส้นข้าวซอย, senkhawsoi, **센꾸아이찹**เส้นก๋วยจั๊บ, senkuaichap

카우소이에 사용하는 노란빛의 칼국수면은 센카우소이이고, 꾸아이찹에 쓰이는 면 센꾸아이찹은 펜네처럼 짧고 돌돌 말렸으며 찰기가 없다.

고명의 종류

무หมู mu

돼지고기. '꾸아이띠아우 무' 하면 돼지고기 국수다. 돼지고기를 튀기면 무끄롭mukrop, 붉은 소스에 구운 것을 무댕mudaeng, 간장에 조린 것을 무뚠mutun, 완자로 만든 것을 룩친무lukchinmu, 다진 돼지고기는 무삽musap이라고 한다. 모두 국수 고명으로 흔히 쓰인다.

느아เนื้อ nuea

소고기. '꾸아이띠아우 느아' 하면 소고기 국수다. 소고기 완자는 룩친느아lukchinnuea라고 부른다. 보통 육수용으로 삶은 고기를 국수와 함께 낸다. 푹 삶은 것은 느아뚠nueatun이라 부르고, 얇게 썰어 살짝 익힌 고기는 느아솟nueasod이라고 한다.

까이ไก่ kai

닭고기. '꾸아이띠아우 까이' 하면 닭고기 국수다. 닭고기 국수는 돼지고기나 소고기 국수에 비해 드문 편이다. 맑은 국물 국수보다는 간장을 베이스로 한 국물 국수에 사용하는 경우가 많고 카우소이의 주재료로 선호한다.

쁠라ปลา pla
생선. 일반적으로 국수 고명으로 생선을 올리지 않지만, 갈아서 국물을 내거나 어묵 형태로 넣어 먹는다. 묽은 쌀죽에는 흔히 넣어 먹는데 '카우똠 쁠라'라고 한다.

룩친ลูกชิ้น lukchin
완자. 룩친무는 돼지고기 완자, 룩친느아는 소고기 미트볼이다. 룩친쁠라는 어묵으로 보통 국수에 들어가는 어묵은 '쁠라'라고 통용된다.

사이ไส้ sai
내장. 땁tap은 돼지간, 르앗lueat은 선지, 크르앙나이khrueangnai는 닭 내장을 뜻한다.

탈레ทะเล thale
해산물. 탈레라고 하면 보통 모둠 해산물을 가리킨다.

카이똠ไข่ต้ม khai tom
삶은 달걀.

국수 주문하는 법

1. 면 종류 고르기
국물 국수의 경우 일반적으로 센미, 센렉, 센야이 중 하나를 고르는 경우가 많다. 원하는 면이 눈에 보이면 손가락으로 가리켜도 되지만 이왕이면 자신 있게 면 이름을 말해보자.

2. 국물, 고명 고르기
국물은 국숫집에 따라 한가지로 통일된 경우도 있고 여러 종류의 국물이 있는 집도 있다. 국물 없이 달라는 주문도 가능하다. 국물 없는 국수는 테이블에 있는 양념을 넣어 비벼 먹는다. 국물 없는 국수는 '행'이라고 한다.

고명 역시 별도의 언급이 없으면 기본 스타일로 넣어준다. 무언가를 빼 달라는 요청을 할 때는 '마이사이'라고 표현한다. 고수를 빼고 싶으면 '마이사이 팍치', 선지를 빼고 싶으면 '마이사이 르앗' 식으로 말한다. 고명을 모두 넣어달라는 표현은 '사이 툭양thuk yang'이다.

3. 양 선택하기
보통은 '탐마다thammada', 곱빼기는 '피셋phiset'이다. 태국 국숫집은 우리나라 성인 기준으로 볼 때 양이 적은 편이다. 포만감 있는 식사를 하고 싶다면 '피셋'이라고 말하자.

4. 양념 곁들이기
국수가 심심하다고 느껴진다면 테이블 위에 있는 양념을 활용하자. 대부분 국숫집 테이블 위에는 네다섯 가지의 양념이 있다. 프릭뽄phrik pon(고춧가루), 남쁠라nampla(액젓), 프릭남솜phrik namsom(고추가 들어간 식초), 남딴 namtan(설탕) 등이다.

5. 맛있게 먹기

국수를 먹을 때는 숟가락과 젓가락을 이용해 먹는다. 단, 그릇을 손으로 들고 국물을 마시면 안 된다. 국물은 반드시 숟가락으로 떠먹는 것이 태국의 식사 예절이다.

6. 계산하기

다 먹은 다음에는 앉은 자리에서 계산한다. 직원을 부를 때 본인이 남성이면 "피캅phi khab", 본인이 여성이면 "피카phi kha"라고 부른다. 계산해달라는 말은 간단하게 "첵빈캅(카)chek bin khab(kha)"라고 하면 된다. 음식을 포장하고 싶다면 "사이퉁캅(카)saithung khab(kha)"라고 하자.

치앙마이 맛집, 어디로 가야 할까?
구역별 엄선 맛집

태국 식당, 알고 가면 좋다

∨ 영업일과 영업시간을 확인해야 한다

일요일에는 많은 식당과 상점이 문을 닫는다. 대신 치앙마이 최대 노천 시장 선데이 나이트 마켓이 오후 5시부터 열린다. 또한 축제나 기념일, 국경일 등에는 영업시간이 단축되거나 쉬는 경우도 있다.

∨ 이름 없는 가게도 있다

치앙마이 거리의 노천 식당들은 가게의 이름이 없는 경우가 있다. 간판이 있어도 간단하게 대표 메뉴만 적기도 한다. 그래서 국숫집들도 단순히 '꾸아이 띠아우'나 '카우소이' 등으로 적혀 있으며 구글맵상의 이름과 간판명이 다른 집들도 많다. 다음 페이지에 소개하는 치앙마이 시내 식당들은 구글맵의 상호를 기준으로 했으며 핸드폰 카메라를 켜고 인식시키면 구글맵으로 식당 위치를 표시해주는 QR코드를 실었으니 식당을 찾을 때 참고하자.

∨ **술은 아무 때나 살 수 없다**

태국은 주류 판매 시간이 엄격하게 정해져 있다. 식당, 편의점, 마트 할 것 없이 주류 판매를 하는 곳이라면 무조건 오전 11시부터 오후 2시, 오후 5시부터 자정 사이에만 술을 판매한다. 불교나 왕실, 국가 관련 기념일이나 공휴일에는 하루 종일 술 판매를 금지한다.

∨ **태국인들은 음료를 달게 먹는다**

아메리카노를 주문하면 묻지 않고 설탕 시럽을 타주는 경우가 많다. 단맛의 커피가 싫다면 주문 전 설탕을 빼달라고 하자. 설탕을 빼달라고 할 때는 단순하게 '노 슈거'라고 해도 되고 '마이사이 남딴'하고 말해도 된다. 커피 외에 태국인들이 즐겨 마시는 단 음료로는 타이밀크티가 있다. 홍차와 우유, 설탕으로 만든 음료로 차갑게도 즐기고 따뜻하게도 마신다.

초보 여행자를 위한 식사 꿀팁

태국 음식에 대한 편견을 버리자
일단 태국 음식 하면 '향이 강해서 못 먹겠다'라는 이들이 꽤 있다. 그런데 생각만큼 태국 음식의 향은 강하지 않다. 여러 음식 중 일부가 한국인에게 생소한 맛과 향을 가지고 있을 뿐이다. 일단 한국인에게 맛과 향이 익숙하지 않은 채소 '고수(팍치)'는 이미 잘 알려졌다시피 '마이사이 팍치(고수 빼주세요)'라고 하면 된다. 또 한국인이라면 음식의 신맛이 익숙하지 않을 수도 있다. 똠얌꿍의 진입장벽이 높은 까닭도 신맛 때문이다. 그렇다면 국숫집에서는 '남사이(맑은 국물)'를 외치자. 혹시 모를 '똠얌 국물'을 피할 수 있다.

뭘 먹어야 할지 모르겠다면 푸드코트로 가보자
푸드코트는 대중적인 태국 음식을 훑어볼 수 있는 메뉴판 역할을 하는 곳이다. 여러 곳의 식당들이 한곳에 모여 있고 식당마다 음식 사진이 걸려 있고 영어 메뉴명이 적혀 있기 때문이다. 또한 쇼핑몰에 있는 푸드코트는 전체적으로 쾌적한 환경을 유지하고 있다. 103쪽에 소개한 쇼핑몰에는 모두 푸드코트가 있다.

편의점 도시락도 먹을 만하다
도심 곳곳에서 볼 수 있는 태국의 대표적인 편의점 세븐일레븐에서는 우리나라 편의점만큼 다양한 도시락 상품을 판매한다. 죽, 볶음밥, 볶음면,

덮밥, 닭고기구이, 돼지고기구이, 어묵 등 종류도 다채롭고 퀄리티도 괜찮은 편이다.

삼시세끼 한식만 먹을 수도 있다

한식을 먹어야 심신이 편안하다면 한식당, 마트를 이용해 삼시 세끼 한식만 먹는 것도 가능하다. 한식당이 곳곳에 있는 데다 웬만한 대형마트에서는 김치, 된장, 고추장을 비롯해 다양한 한국산 식재료와 식품들을 판매한다. 한국 라면은 일반 편의점에서도 쉽게 구할 수 있다.

인당 한 끼 가격은 100밧 선으로 잡자

식당마다 가격은 천차만별이지만 일반 길거리의 식당들의 한 그릇 가격은 40~60밧 선이다. 특히 국수는 종류를 불문하고 40~60밧이 평균가라고 보면 된다. 그런데 태국 음식점의 한 그릇은 우리나라 음식점의 한 그릇 양보다 다소 적은 편이다. 성인이라면 두 그릇 정도 먹어야 포만감이 느껴진다. 한 끼 가격은 한 명당 100밧(약 4,000원) 선으로 잡으면 적당하다.

님만해민

마야키친

Maya Kitchen

마야몰 4층에 자리한 푸드코트. 태국을 처음 방문했거나 뭘 먹을지 모르는 이들에게 추천한다. 10여 곳의 푸드코너가 입점해 있으며 코너마다 3~4가지 이상의 전문 메뉴를 판매한다. 주로 태국식이고 일식, 한식, 양식도 있다. 깨끗하고 쾌적한 환경이고 맛도 무난하다.

- 영업시간 매일 11:00~22:00

까이양 위치안부리

Kaiyang Wichianburi

닭고기구이(까이양) 전문점이다. 점심시간 때 식당 앞을 지나가면 노릇노릇하게 구워지는 닭고기를 볼 수 있다. 간도 적절하고 육질도 촉촉한 편. 무난한 닭고기구이 집이며 카우니아우와 솜땀을 같이 먹으면 든든한 한 끼가 된다. 반 마리도 판다.

- 영업시간 화~일요일 9:30~16:30, 월요일 휴무

까이양과 솜땀

까이양 층도이

Kayang Choengdoi

까이양을 주문하면 한입 크기로 가지런히 토막을 친 구운 닭고기 한 접시가 나온다. 위치안부리에 비하면 가격 대비 양이 적다는 평. 구운 상태는 호평 일색으로 겉은 바삭, 속은 촉촉하다. 채를 썬 파파야를 튀긴 솜땀톳somtamthot도 인기 메뉴다.

- 영업시간 화~일요일 11:00~22:00, 월요일 휴무

솜땀톳

무삥쿤포

Mupingkhunpho

태국의 대표 길거리 음식인 무삥, 즉 양념 돼지고기 꼬치 전문점이다. 달콤짭짤한 간장 양념이 된 무삥과 무삥의 짝꿍인 찹쌀밥 카우니아우를 간단하게 먹을 수도 있고, 달걀프라이, 돼지고기구이, 돼지 간 구이, 북부식 소시지와 밥을 묶은 세트 메뉴도 즐길 수도 있다.

- 영업시간 매일 6:30~13:30

달걀프라이와 세 가지 구이 세트

똥땜또
Tong Tem Toh

한국인들에게는 목삼겹구이와 소곱창구이가 간판 메뉴다. 메뉴마다 번호가 붙어 있는데 대부분 사람이 목삼겹구이인 809번과 소곱창구이인 703번을 고정메뉴로 주문한다. 바로바로 구워주니 숯불 향도 나고 맛도 좋지만 목삼겹구이는 조금만 시간이 지나면 딱딱해진다.

- 영업시간 매일 7:00~21:00

소곱창구이

비스트 버거 카페
Beast Burger Cafe

수제버거 전문점이다. 일반 프랜차이즈 버거 전문점보다 재료나 조리 과정에 신경 쓴 느낌이다. 대표 메뉴는 메뉴 번호 1번인 비스트 버거로 소고기 패티와 치즈, 베이컨 등이 들어간 클래식한 버거다. 김치가 들어간 김스 치즈버거Kim's Cheeseburger도 있다.

- 영업시간 매일 11:00~22:00

치킨 버거

안찬 베지테리언 레스토랑

Anchan Vegetarian Restaurant

채식주의자가 아니더라도 한 끼쯤은 가볍게 신선한 채소들로 이루어진 식사를 하고 싶다면 들러봄직하다. 볶음밥과 볶음국수, 똠얌 수프 등 일반 태국 레스토랑에서 파는 대중적인 메뉴들은 다 갖추고 있다. 단백질은 두부와 콩, 코코넛밀크 등의 재료가 채워준다. 흑미밥, 현미밥도 주문할 수 있다. 참고로 안찬은 파란색 꽃으로 태국에서 음식을 파랗게 물들이거나 차를 우려 마시는 데 쓴다.

모둠 채소 볶음

- 영업시간 매일 11:30~20:15

시아 피시 누들

Sia Fish Noodles

어묵국수(꾸아이띠아우 룩친쁠라)로 유명한 집. 국수도 괜찮지만 한국인들에게는 특히 '돼지등뼛국(숩끄라둑)'이 인기다. 탱탱하고 부드러운 어묵도 맛있지만 고기가 푹 익어 젓가락만 갖다대도 살코기가 떨어지는 숩끄라둑도 훌륭하다. 밥을 추가할 수 있다.

숩 끄라둑

- 영업시간 화~토요일 10:00~15:00, 일요일 휴무

크레이지 누들

Crazy Noodle

특히 똠얌국수(꾸아이띠아우 똠얌)가 유명하다. 똠얌 특유의 신맛이 덜하고 부드러운 맛이 강해서 똠얌 초보자도 한 번쯤 도전해볼 만하다. 이 집의 특징은 내가 원하는 대로 '맞춤 국수'를 해 먹을 수 있다는 점이다. 국물도 똠얌뿐만 아니라 맑은 육수를 고를 수 있으며 맵기 조절도 가능하다.

- 영업시간 매일 10:00~21:00

꾸아이띠아우 똠얌

카우소이 님만

Khawsoi Nimman

태국 북부지역의 대표 국수 카우소이를 맛보기에 괜찮은 집이다. 가격대가 다소 있지만 님만해민에서 가장 믿을 만한 카우소이 전문점이다. 해산물, 돼지고기, 소고기, 사이우아(소시지) 등에 이르는 폭넓은 고명의 선택지는 카우소이 맛을 풍성하게 해준다.

- 영업시간 매일 10:00~21:00

카우소이

더 샐러드 콘셉트

The Salad Concept

샐러드 전문점이다. 기호대로 직접 채소와 과일, 드레싱을 골라 맞춤형 샐러드를 주문할 수 있다. 태국 일반 식당에서 보기 드문 다양한 녹색 채소와 토핑용으로 제공하는 다채로운 열대과일들이 있어 싱싱하고 가벼운 한 끼를 즐기고 싶은 이들에게 추천한다.

- 영업시간 매일 9:00~22:00

엠케이 레스토랑

MK Restaurant

태국 전역에 있는 수끼 전문 체인점이다. 우리나라 샤부샤부 전문점과 크게 다르지 않다. 전골냄비에 담긴 육수에 주문한 채소, 어묵, 두부, 해산물, 고기, 국수 등을 넣어 데친 후 소스에 찍어 먹는다. 밥과 날달걀을 따로 주문하면 남은 국물에 죽을 만들어 먹을 수 있다.

- 영업시간 매일 11:00~20:00

미소네 한식당

Misone

평일 점심(11:00~14:00)에 운영하는 한식 뷔페가 괜찮은 집이다. 각종 국과 찌개, 여러 종류의 김치, 나물무침, 김밥, 부침개 등 한국인 입맛에 딱 맞는 음식들을 제공한다. 오랫동안 한식이 그리웠다면 한번 들러 푸짐하게 한식을 즐길 수 있다.

- 영업시간 매일 9:30~21:30

룽판 아한땀상 (엉클 판 타이 푸드)

Lungphan Ahantamsang (Uncle Phan Thai Food)

겉보기엔 남루한 작은 식당이지만 내부는 깔끔하다. 부부가 운영하는 태국 백반집으로 채소와 고기 등을 볶아 만드는 대부분의 태국 음식을 판매한다. 태국 스타일의 김밥천국쯤으로 보면 된다. 팟까프라우 무삽이 맛있다.

- 영업시간 8:00~19:00, 일요일 휴무

팟까프라우 무삽

펑키 그릴 치앙마이

Funky Grill Chiangmai

님만해민 일대에서 가장 유명한 꼬칫집이다. 수십 가지의 꼬치를 파는데 새우, 오징어 등 해산물을 비롯해 다양한 육류가 부위별로 있으며 닭 염통, 모래집, 소 곱창 등은 한국인들도 많이 찾는 메뉴다. 가장 인기 많은 메뉴는 베이컨 팽이버섯 말이. 맥주 한잔하기에 좋다.

- 영업시간 매일 17:30~2:00

올드시티 & 나이트 바자

흐언펜
Huen Phen

올드시티 안에서 매우 유명한 북부 요리 전문 식당이다. 이 집 남응이아우는 얼큰하고 구수해서 토마토가 들어갔다는 점을 제외하면 우리나라 육개장을 먹는 것 같다. 보통 카놈친(소면)과 같이 먹기 때문에 주문 시 '카놈친 남응이아우'를 말하면 된다.

- 영업시간 매일 8:30~16:30, 17:00~22:00

카놈친 남응이아우

링크 퀴진
LINK Cuisine

태국식과 서양식을 두루 판매한다. 직원들이 매우 친절하며 내오는 음식의 담음새도 특히 신경 쓴 느낌이다. 외국인 손님이 80%로 일반 식당보다 음식량이 많은 편이다. 가격도 1.5~2배 비싸지만 분위기 있는 식사를 즐기고 싶을 때 가볼 만하다.

- 영업시간 매일 10:00~22:30

카우팟

촉 솜뼷

Jok Sompet

죽(촉) 전문점으로 24시간 운영한다. 죽은 닭고기, 돼지고기, 해산물 등을 추가해 먹을 수 있다. 다른 집보다 죽은 유난히 더 걸쭉하고 입자가 고운 편이다. 죽보다 묽은 태국식 국밥 '카우똠'도 맛있다.

- 영업시간 매일 24시간

카우소이 쿤야이

Khao Soi Khun Yai

'외할머니 카우소이'라는 정겨운 상호의 가게. 카우소이는 닭고기, 돼지고기, 소고기가 들어간 세 가지 종류가 있고 그 밖에 맑은 국물의 꾸아이띠아우 남사이, 새콤한 국물의 꾸아이띠아우 똠얌이 준비되어 있다. 현지인들도 인정하는 '오리지널 카우소이'의 맛이다.

- 영업시간 월~토요일 10:00~14:00, 일요일 휴무

꾸아이찹 남콘 삼까삿

Kuaichap Namkhon Samkasat

꾸아이찹은 펜네처럼 돌돌 말린 면에 여러 부위의 돼지고기 부속이 들어가는 국수다. 국물은 검은빛의 진한 남콘, 맑은 남사이로 나뉜다. 겉은 바삭, 속은 촉촉한 무끄롭과 잡내 없는 돼지 내장을 푸짐하게 넣어준다. 다진 돼지고기로 만든 소시지인 무삽얏사이musap yatsai는 마치 토종 순대 같다.

- 영업시간 매일 7:00~15:00

꾸아이찹 남사이

블루 누들

Kuaitiaw Sifa

한국인들에게 무척 유명한 식당. 대표 메뉴는 꾸아이띠아우 느아뚠. 간장 베이스 국물의 소갈빗살을 토핑으로 넣은 국수로 메뉴판에서 8번이라 한국인들 사이에선 '8번 국수'로 불린다. 느아뚠 외에도 각종 소고기를 다 넣은 루암느아, 소고기 미트볼을 넣은 룩친느아 등 고명의 종류는 다양하다.

- 영업시간 매일 9:00~20:00

느아뚠

빠온 카우소이 카놈찐

Paon Khawsoi Khanomchin

얼큰하고 진한 국물에 부드럽게 고깃살이 떨어지는 돼지등뼈와 선지, 거기에 말아 먹는 소면까지, 아쉬울 게 없는 카놈찐 남응이아우 한 그릇이 대표 메뉴다. 마치 뼈해장국 같아서 한국인의 입맛에도 친근한 음식이지만 양이 다소 적다. 그러나 한 그릇에 단돈 20밧이니 불평할 수 없다. 카우소이와 태국식 빙수 남캥사이namkhaengsai도 판매한다.

카놈찐 남응이아우

- 영업시간 매일 10:00~15:00

피피 뷔페

P.P. Buffet

태국식 고기 뷔페다. 199밧에 음료를 제외한 모든 음식을 무제한으로 즐길 수 있다. 일단 자리에 앉으면 뜨거운 숯불 위에 올린 고기구이용 무쇠 판과 함께 육수가 든 샤부샤부용 토기를 가져다주는데 이게 '침춤'이다. 구워 먹고 끓여 먹을 재료들은 식당 중앙의 음식 진열대에서 먹을 만큼 퍼 오면 된다. 다양한 육류, 해산물, 채소, 국수가 준비되어 있다. 숯불 때문에 덥지만 '가성비'는 괜찮은 집.

- 영업시간 매일 17:00~2:00

바이핸드피자 카페

By Hand Pizza Cafe

이탈리안 화덕 피자로 정평 난 곳. 주문받은 후 즉시 화덕에 구워낸다. 이탈리아 피자집에서 볼 수 있는 대부분 종류의 피자를 접할 수 있다. 토마토소스를 비롯한 각종 소스와 치즈, 갖가지 토핑 또한 전통 레시피의 신선한 재료를 고집하고 있다. 매콤한 은두자Nduja 피자와 클래식 마르게리타Classic Margherita, 서머 피자Summer Pizza를 추천한다.

서머 피자

- 영업시간 매일 11:00~22:30

로페라

L'Opera

프랑스인이 운영하는 프렌치 베이커리다. 치앙마이 도심에는 여러 빵집이 있지만 케이크와 페이스트리 및 디저트류의 달콤한 빵들은 이 집이 가장 괜찮다. 파리 한복판에 있는 빵집이라고 해도 어색하지 않을 만큼 유럽 정통 레시피에 충실한 빵들이 진열대를 가득 채우고 있다.

- 영업시간 매일 7:00~19:00

꾸아이띠아우 똠얌 끄룽 수코타이

Kuaitiaw Tomyam Krung Sukhothai

수코타이식 돼지고기 국수를 내는 집이다. 국물은 똠얌, 남사이 모두 가능하다. 푹 익어 부드러운 육질의 돼지갈비가 작은 토막으로 여러 개 들어간 꾸아이띠아우 시크롱 sikhrong을 추천한다. 여러 부위의 돼지고기가 들어간 꾸아이띠아우 무루암muruam이나 돼지고기 완자가 들어간 꾸아이띠아우 룩친무도 괜찮다. 가게 분위기도, 맛도 깔끔 그 자체인 집이다.

꾸아이띠아우 시크롱

- 영업시간 월~토요일 9:00~16:00, 일요일 휴무

타나오차

Thana Ocha Noodle

분홍빛 국물의 옌타포와 꾸아이띠아우캐 kuaitiawkhae, 부드러운 전병 스타일의 스프링롤(뽀삐아솟popia sod)이 인기 메뉴다. 이 중 대표 메뉴인 꾸아이띠아우캐는 얼핏 평범한 어묵 국수로 보이는데 잘 보면 튀긴 두부에 다진 고기를 넣고 익힌 고명이 있다. 요즘은 보기 드문 고명이어서 이 집을 '옛날 국숫집'이라고 부른다. 메뉴판 중 6번을 고르면 된다.

뽀삐아솟

- 영업시간 매일 8:00~17:00

바미체후아

Bamichehua

만두 전문점으로 주방에서 끊임없이 만두를 빚는다. 군만두가 주력 메뉴로 돼지고기, 닭고기, 새우, 치즈 만두가 있다. 모둠으로 주문할 수도 있다. 만두 외에도 마라탕면, 우육면, 완탕면을 비롯해 볶음밥, 카우카무 등 여러 가지 식사 메뉴가 있다. 모두 기본 이상의 맛을 자랑하는데 그래도 으뜸은 군만두다.

- 영업시간 매일 9:00~19:00

모둠 만두

팟타이 반 임 키친

Pad Thai Baan Yim Kitchen

'정통 팟타이'로 제대로 한 끼 먹어보고 싶다면 한 번쯤 찾아볼 만한 식당이다. 기본 팟타이가 있고 닭고기, 돼지고기, 해산물 등 토핑별로 다양한 팟타이를 주문할 수 있다. 2명 이상 방문한다면 다채로운 해물과 닭고기 등 모든 토핑이 다 올라가는 일명 '쟁반 팟타이 Pad Thai on Tray'를 추천한다. 라임과 바나나잎, 부추, 숙주 등 채소는 셀프바에서 마음껏 담을 수 있다.

- 영업시간 11:00~13:30, 16:00~21:30, 월요일 휴무

쟁반 팟타이

닛솜땀

Nitsomtam

솜땀 전문점으로 다양한 종류의 솜땀을 까이양, 무양, 사이우아 등과 함께 맛볼 수 있는 집이다. 특히 옥수수와 달걀이 들어간 솜땀이 맛있다. 오랜 시간 현지인들의 동네 맛집으로 사랑받아온 집이다.

- 영업시간 매일 8:30~17:30

무양과 옥수수 솜땀

매찬미끼아우

Maechanmee Kiaw

홍콩식 완탕 전문점. 에그누들과 완탕을 함께 넣어 맑은 육수로 낸 완탕 누들이 대표 메뉴이고 완탕만 넣은 국도 괜찮다. 새우를 소로 채운 완탕이 탱글탱글해서 국물 없이 비빔으로 주문해도 맛있다. 양이 적은 점이 조금 아쉽다.

- 영업시간 매일 6:30~20:00

비빔완탕면

꾸아이띠아우 수아이 촉 도쿄

Kuaitiaw Suai Chok Tokiaw

40년 넘는 역사를 자랑하는 국수, 죽 맛집이다. 예전에 식당 앞에 '도쿄 호텔'이라는 숙박업소가 있어서 상호에 도쿄가 들어가 있지만 일본과는 무관하다. 맑은 남사이 육수에 말아내는 돼지고기 국수가 맛있는데 내장을 좋아한다면 꾸아이띠아우 루암밋을 주문하자. 곱창, 염통, 허파, 돼지고기 완자가 어우러진 국수를 내어주는데 잡내가 없고, 국물의 깊은 맛과 부드럽고도 쫄깃한 내장 육질을 경험할 수 있다.

꾸아이띠아우 루암밋

- 영업시간 매일 7:30~20:30

꾸아이띠아우 빠완

Kuaitiaw Pawan

천막으로 이루어진 도로변의 남루한 식당이지만 국수 맛은 훌륭한 집이다. 올드시티 내의 유명 국숫집 블루 누들에 대적할 만한 갈비 국수를 맛볼 수 있다. 꾸아이띠아우 느아뚠을 주문하면 간장 베이스의 검은 국물에 부드럽게 푹 익은 소갈빗살이 푸짐하게 올라간 국수가 나온다. 국수 가격은 보통 크기가 20밧으로 매우 저렴하다.

꾸아이띠아우 느아뚠

- 영업시간 10:00~16:00, 비정기적 휴무

신띠팀 & 왓쳇욘

솜땀우돈

Somtamudon

솜땀 종류만 수십 가지로 식당에 들어서면 돌절구 안에 솜땀 재료를 찧고 무치는 바쁜 요리사들의 모습을 볼 수 있다. 기본 솜땀은 '솜땀 타이'라고 부르는데 채 썬 그린파파야에 짭짤한 피시소스와 매운 고추 등을 넣어 무친다. 이 기본 솜땀에 옥수수, 토마토 등의 채소나 생새우, 바닷게 등 해산물을 넣기도 한다. 어떤 재료를 추가하든 다양한 변주가 가능하다. 솜땀을 먹을 땐 보통 카우니아우와 구운 고기를 같이 먹는다.

옥수수 솜땀과 기본 솜땀

- 영업시간 매일 9:00~20:00

흐안무안차이

Hueanmuanchai

북부 요리 전문점으로 올드시티에 흐언펜이 있다면 산띠땀에는 흐안무안차이가 있다. 북부 음식이 처음이라면 오드프므앙(240쪽 참조)을 주문해 여러 가지 음식과 양념을 한꺼번에 맛보는 편을 추천한다. 카우소이, 카놈친 남응이아우, 사이우아, 쁠라톳, 카이치아우 등 굉장히 다양한 북부 요리가 있고 한국인의 입맛에도 잘 맞는다.

- 영업시간 매일 11:00~15:00, 17:00~21:00

오드프므앙, 카놈친 남응이아우, 깽항레

꾸아이띠아우 똠얌 끄라둑온

Kuaitiaw Tomyam Kraduk on

건물이 낡고 어두워서 다소 후미진 골목 식당 분위기다. 그렇지만 국수 맛은 좋다. 이 집의 대표 메뉴는 꾸아이띠아우 끄라둑무(돼지등뼈국수)다. 우리나라 뼈해장국집 등뼈 못지않게 부드러운 살이 두둑하게 붙은 돼지등뼈를 푸짐하게 넣어준 구수한 쌀국수가 일품이다. 똠얌으로 즐기는 손님들이 많으니 신맛이 싫다면 꼭 남사이(기본 육수)로 달라고 하자.

- 영업시간 매일 10:00~17:00

꾸아이띠아우 끄라둑무

슈퍼 수프

Super Soup

태국까지 가서 굳이 중국의 마라탕을 먹을 필요가 있을까 싶지만 그럼에도 오래 지내다 보면 마라탕처럼 매콤한 음식이 당길 때가 있다. 주문 방식은 중국이나 우리나라와 같다. 진열대에 손질된 여러 재료를 먹고 싶은 만큼 그릇에 담아 직원에게 건네면 무게를 달아 그램 단위로 계산한다.

- 영업시간 매일 11:00~21:00

마라탕

플립스 앤드 플립스 홈메이드 도너츠

Flips&Flips Homemade Donuts

11시에 문을 여는데 12시면 모든 도넛이 팔려 조기 폐점되기 일쑤다. 매일 반죽해 튀기는 도넛은 아주 부드럽다. 굳이 비유하면 글로벌 체인인 크리스피 도넛과 비슷한데 확실히 '홈메이드'만의 신선함이 느껴진다.

- 영업시간 금~수요일 11:00~16:00, 목요일 휴무

매 수니 키친

Mae Sunee's Kitchen

우리나라로 치면 김밥천국에 해당하는 식당이다. 볶음밥, 덮밥, 볶음국수, 국수 등 한 끼 든든하게 배를 채울 만한 태국 음식들을 두루 판매한다. 주인아주머니의 손맛이 좋다. 팟까프라우 무삽이나 무삽 팟퐁까리(다진 돼지고기 커리 덮밥) 등이 무난한 메뉴다. 깽츳kaengchuet(달걀두부 완자국)을 곁들이면 한 끼 식사로 손색없다.

- 영업시간 매일 9:00~18:00

나나 베이커리

Nana Bakery

토요일 아침 빵시장인 나나정글(155쪽 참조)로 유명한 빵집이다. 카페와 빵집이 나란히 이웃해 있으며 카페에서 빵을 먹으려면 일단 빵집에서 빵을 먼저 따로 구매해야 한다. 크루아상, 팽오쇼콜라 등 페이스트리류의 빵이 괜찮은 집이다. 커피 한 잔과 바삭한 버터빵이 당긴다면 방문해보자.

- 영업시간 매일 6:00~17:00

카놈친 반쳇욧

khanomchin banchetyot

국수 뷔페다. 우리나라 소면에 해당하는 '카놈친'이 타래로 쌓여 있고 카놈친에 부어 먹는 남응이아우가 커다란 토기에 담겨 있다. 토기마다 건더기가 조금씩 다른데 주로 돼지 선지와 등뼈다. 먹고 싶은 만큼 담아가면 된다. 파파야튀김, 채소튀김을 비롯해 팟시우, 옵운센(잡채와 비슷한 음식) 등 볶음국수와 생채소도 종류별로 준비되어 있다.

- 영업시간 매일 10:00~16:00

마이 베이커리 인 가든

Mai Bakery in Garden

베이커리 겸 식당이다. 베이커리는 주로 조각 케이크를 만들어 파는데 케이크도 괜찮지만 밥도 맛있는 집이다. 카우팟, 팟까프라우 무삽, 치킨 스테이크 등 태국 밥집에서 흔히 볼 수 있는 메뉴들을 판매한다. 정원의 야외 테이블과 실내 테이블이 많아 여유로운 분위기다.

팟까프라우 무삽

- 영업시간 8:00~18:00, 수요일 휴무

추안침

Chuanchim

오리고기 전문점으로 입구에 주렁주렁 매달린 커다란 오리들을 볼 수 있다. 바삭하고 고소한 오리껍질과 부드럽고도 탱탱한 오리고기를 푸짐하게 올려주는 국수가 대표 메뉴다. 국물이 있는 국수도 괜찮고 국물 없이 내가 원하는 대로 비벼 먹을 수 있는 비빔국수도 무난하다. 국수에 완탕을 추가할 수 있고 간장 양념에 조린 오리고기만 따로 주문할 수 있다.

오리고기와 무끄롭

- 영업시간 매일 4:30~15:00

따밍오차

Tamingocha

카우카무가 맛있는 집이다. 푹 삶아 야들야들한 돼지족발을 곁들인 밥, 심심한 국물 한 그릇이면 한 끼가 든든하다. 식당이 무척 깔끔하고 주인 부부도 친절하다.

- 영업시간 매일 6:30~15:00

카우카무

소원

Sowon

깔끔하고 쾌적한 한식당이다. 전체적인 분위기가 아기자기한 정원을 둔 카페처럼 보인다. 카페를 겸하기에 음료 메뉴도 다양하지만 주력 메뉴는 김밥, 김치찜, 부대찌개, 떡볶이, 비빔밥 등의 한식이다. 전체적으로 양도 푸짐하고 맛도 무난해서 한식이 그리울 때 찾을 만하다.

- 영업시간 9:00~22:00, 수요일 휴무

까프라우따누앗

Kaphraotanuat

팟까프라우 무삽 전문점이다. 팟까프라우 무삽만 단일메뉴로 파는 집이라 맛에 대한 신뢰가 간다. 갓 볶아낸 팟까프라우 무삽의 감칠맛과 불맛이 기대에 부응한다. 같이 내주는, 무와 소고기를 넣어 끓인 국도 그 맛이 깊다.

팟까프라우 무삽

- 영업시간 9:00~18:00, 일요일 휴무

링모 & 반깡왓

한퉁 치앙마이
Hanthueng Chiang Mai

태국 북부 가정식 백반 '칸똑'을 맛볼 수 있는 집이다. 둥근 쟁반에 올린 동그란 그릇들 안에 북부를 대표하는 음식이 소담스럽게 담겨 있다. 깽항레, 사이우아, 캡무, 데친 채소, 남프릭눔, 남프릭옹, 삶은 달걀이 올라가 있다. 찹쌀밥 카우니아우를 하나 더 주문해 쌈도 싸 먹고 양념에 비벼도 먹어보자.

- 영업시간 매일 9:00~16:00, 17:00~20:30

랏나 남차이
Ratna Namchai

소스가 걸쭉한, 울면 같은 국수 '랏나'ratna의 맛이 궁금하다면 이 집에 들러보자. 랏나는 소스를 위에 뿌린다는 뜻으로 간장과 태국 된장 따오치아우, 굴소스, 녹말물 등으로 만든 걸쭉한 소스를 볶은 면 위에 뿌려 내는 국수다. 랏나 전문점인 만큼 전통 레시피에 충실한 랏나 맛을 보여주는 집이다. 바미를 기름에 튀긴 미끄롭에 소스를 부은 랏나 미끄롭도 맛있다.

랏나 미끄롭

- 영업시간 8:00~18:00, 비정기적 휴무

티노이 치킨 누들

Tee Noi Chicken Noodle

꾸아이띠아우 까이뚠kaitun(간장 베이스 국물의 닭국수)이 맛있는 집이다. 기호에 따라 닭다리 혹은 닭날개를 선택해 토핑으로 올릴 수 있다. 물론 두 가지를 다 올릴 수도 있고 큼직한 '점보 닭다리'를 올릴 수도 있다. 닭고기도 간장 양념에 조려져 부드럽고 짭짤하다.

- 영업시간 매일 10:00~20:00

꾸아이띠아우 까이뚠

꾸아이띠아우 똠얌꿍 남콘 수퍼 샙

Kuaitiaw Tomyamkung Namkhon Super Saep

랑모 야시장의 인기 노천 국숫집으로 매콤하고도 새콤한 똠얌 국물에 각종 해산물을 올린 꾸아이띠아우 똠얌 탈레가 이 집의 대표 메뉴다. 외국인에게 인기가 많은 특대 사이즈의 국수는 보통 국수의 두 배 양으로 새우, 오징어, 생선살, 홍합 등 해산물도 푸짐하게 올라가 있다. 물론 가격도 두 배다.

- 영업시간 매일 4:30~22:00

꾸아이띠아우 똠얌 탈레

추띠폰 팟타이

Chutiphon Phatthai

주문받자마자 웍에 볶는 팟타이는 막 무친 잡채처럼 서로 달라붙지 않으면서도 찰기가 있는 면으로 입에 착 감긴다. 다른 곳에서는 쉽게 접할 수 없는 똠얌 팟타이도 맛볼 수 있다. 라임즙을 따로 뿌리지 않아도 똠얌의 새콤한 맛이 느껴진다.

- 영업시간 매일 11:00~23:00

기본 팟타이

플라워 플라워 로프

FLOUR FLOUR loaf

아침식사나 브런치를 즐기기에 딱 좋은 베이커리 레스토랑이다. 여러 종류의 토스트, 크로크무슈, 오픈샌드위치, 요거트 등 매일 구운 빵으로 만든 식사 메뉴와 디저트용으로 즐길 만한 달콤한 크림 도넛을 판매한다. 커피와 주스, 스무디 등 음료도 다채로운 편.

- 영업시간 매일 8:30~16:00

오픈 샌드위치

수끼 창프악

Suki Changphueak

내외국인 모두에게 두루 인기인 이 집의 대표 메뉴는 수끼행이다. 수끼행은 태국식 볶음 요리로 태국식 수끼와 마른 요리를 뜻하는 '행'의 합성어다. 태국식 당면과 달걀, 양배추, 버섯, 청경채, 각종 해산물, 육류 등을 고추, 마늘, 중국 발효두부 등으로 만든 수끼 소스를 섞어 볶은 것이다. 짭짤하고 감칠맛 나는 소스에 각종 식재료가 어우러져 맛있다.

- 영업시간 매일 9:00~24:00

뽁 렝샙

Pok Lengsaep

현지인들에게 인기 만점인 렝샙lengsaep 전문점이다. 렝샙은 돼지등뼈를 푹 삶은 후 그 육수에 마늘, 고추, 라임즙, 고수 등을 넣어 새콤하고 매콤한 맛을 낸 요리다. 태국식 감자탕이라고 보면 된다. 치앙마이에서 렝샙 맛집으로 꼽히는 곳으로 한국인 입맛에도 잘 맞는다.

- 영업시간 9:00~22:00, 금요일 휴무

니모(치앙마이대학교 정문)

케이팝 떡볶이

Kpop Tteokbokki

한국식 즉석떡볶이를 먹을 수 있는 집이다. 떡볶이는 칼칼한 맛은 덜하고 조미료 맛이 조금 강한 편이지만 외국에서 떡볶이 향수를 달래는 데는 충분하다. 양배추, 당근 등 채소가 꽤 넉넉하게 들어가는 편이고 어묵과 달걀, 라면사리도 기본으로 제공된다. 떡볶이 외에도 김밥, 비빔밥, 라면 등의 한식 메뉴를 판매한다.

- 영업시간 매일 11:00~21:30

USA 스테이크 99

USA STEAK 99

소고기보다는 주로 닭고기, 돼지고기를 덩어리째 팬에 구운 후 약간의 감자튀김과 샐러드를 한 접시에 내어주는 것이 바로 '치앙마이 스타일 스테이크'다. 식당에 따라 소고기 스테이크도 팔지만 질기거나 익힘 정도가 아쉬운 경우가 많다. 이 집은 99밧에 그릴에 구운 스테이크를 맛볼 수 있는 식당으로 소 안심, 채끝살 스테이크도 꽤 괜찮다. 불맛이 살아 있는 부드러운 돼지고기 스테이크도 인기 메뉴.

돼지고기 스테이크

- 영업시간 월~토요일 16:00~22:00, 일요일 휴무

아팃 꾸아이띠아우 무요

Athit Kuaitiaw Muyo

꾸아이띠아우 무요는 '돼지고기로 만든 완자 국수'다. 상호가 음식 이름인데 여러 종류의 돼지고기 국수를 파는 집이다. 그중 인기 많은 메뉴는 꾸아이띠아우 끄라둑무. 맑고 구수한 맛의 육수에 오래 삶은 돼지 등뼈 몇 조각과 국수를 함께 내어준다. 룩친무나 무삽 등이 고명으로 들어간 국수도 있다.

- 영업시간 매일 10:00~22:00

꾸아이띠아우 끄라둑무

보트 베이커리

Boat Bakery

빵집과 식당을 함께 운영한다. 태국식뿐만 아니라 샌드위치, 파스타, 버거, 토스트, 아메리칸 브렉퍼스트 등 웨스턴 메뉴도 다양하다. 빼어나게 맛있는 대표 메뉴는 없는 대신에 어떤 음식을 주문해도 평균 이상의 맛을 자랑한다. 양도 푸짐한 편이다.

- 영업시간 매일 7:00~19:30

카우팟

시파스

Srifaa's

동네 밥집 분위기의 골목 안 아담한 태국식 식당이다. 식사 메뉴만 100여 가지이며 그중에는 채식주의자를 위한 메뉴도 20여 개에 이른다. 볶음밥, 볶음면, 덮밥, 커리 등의 웬만한 태국식 백반은 모두 준비되어 있다. 맛은 대체로 무난하고 외국인 손님을 고려해서인지 피시소스나 고수 등 향이 강한 식재료는 적게 사용한다. 양은 적은 편이다.

쁠라묵 팟남프릭 파우

카우팟 쁠라묵

- 영업시간 매일 8:00~20:00

어린이를 위한 치앙마이 한 달 살기

어린이와 함께라도 알차고 즐겁게 치앙마이 한 달 살기를 할 수 있다. 치앙마이의 여러 업체가 어린이를 위한 다양한 교육 프로그램, 체험 프로그램을 운영한다. 대다수 운영자와 전문가들이 한국인에 익숙하고, 우리나라 물가 대비 비용이 저렴하다는 장점이 있다.

영어 배우기

학원 수업
어린이를 동반한 치앙마이 한 달 살기 여행자들 대부분이 고려하는 일정이 아이의 영어 수업이다. NES 어학원NES Study Abroad과 CEC 어학원CEC Language School 등이 어린이 전문 영어 학원으로 유명하며 그룹 강의, 1:1 강의를 20시간, 30시간 코스로 1~2시간씩 진행한다(110쪽 참조). 개인 수업은 1시간당 700밧 선이다.

영어 캠프
치앙마이의 국제학교 쁘렘PREM에서는 매년 7~8월과 12~1월에 다양한 테마로 5일간의 어린이 영어캠프를 운영한다. 4~8세 캠프, 9~13세 캠프를 따로 운영하며 한국인 부모들에게 좋은 반응을 얻고 있다. NES 어학원에서도 쁘렘과 비슷한 형태의 영어캠프를 7~8월과 1~2월에 진행하며 4~17세까지 나이 대별로 3개 그룹으로 나눈다. 가격은 17,500밧 정도다.

개인 과외

치앙마이는 영어권 국가에서 온 외국인이 많이 거주해 영어 과외의 천국이다. 다만 실력과 이력을 검증하기 어려워 주의가 요구된다. 네이버 카페 '아이러브 태국'에서 개인 영어 수업을 검색하면 한국인에게 유명한 원어민 강사들의 연락처를 많이 볼 수 있다. 과외는 1시간당 평균 400~500밧 선이다.

액티비티

스포츠 캠프
프라임 키즈 클럽Prime Kids Club이 5~12세 어린이를 대상으로 5일간 운영하는 스포츠캠프는 키즈 피트니스, 수영, 풋살, 배드민턴, 농구, 핸드볼, 피구 등 실내외 스포츠를 두루 배우고 즐기는 프로그램이다. 여름 캠프는 7~8월에, 겨울 캠프는 12~1월에 열린다. 가격은 일주일 캠프 기준 7,000~8,000밧 선이다.

축구
그로우업 치앙마이 풋볼 캠프GROW UP Chiangmai Football Camp에서는 원데이 클래스나 일주일 코스로 축구 클래스에 참여할 수 있다. 캠프는 한 달에 한 번 열리고 축구 클래스는 주말 오후에 진행된다. 프라임 키즈 클럽에서도 축구 클래스를 운영한다. 그로우업 치앙마이 풋볼 캠프의 원데이 클래스 비용은 300밧이며 프라임 키즈 클럽의 원데이 클래스 수업료는 750밧이다.

수영

브론코 키즈 스포츠 클럽Bronco Kids Sport Club에서는 어린이를 대상으로 수영 수업을 진행한다. 기본 10회로 수업하는데 1회 강습도 가능하다. 1:1 수업은 횟수를 원하는 만큼 조절할 수 있다. 수업은 영어로 진행된다. 치앙마이에서는 수영도 개인 과외를 많이 하는 편으로 숙소 수영장에서 1:1 강습을 받을 수도 있다. 네이버 카페 '아이러브 태국'에서 개인 수영 수업을 검색하면 한국인에게 유명한 수영 강사들의 연락처를 구할 수 있다. 개인 강습료는 1시간당 300~500밧 선이다.

아이스 스케이트

쇼핑몰 센트럴 페스티벌 3층에 있는 아이스 스케이트장에서 어린이 대상 스케이트 교실을 운영한다. 단, 5명 이상의 인원이 충족되어야 하며 45분씩 8회 2명의 선수 출신 코치가 지도한다. 가격은 5명에 8회 4,500밧으로 정해져 있고 스케이트장에서는 따로 강습반을 개설하지 않기 때문에 5명의 인원을 직접 모아야 한다.

연기와 댄스

치앙마이 드라마 센터Chiang Mai Drama Centre는 3~12세 어린이를 대상으로 하는 연기, 댄스, 노래 학원으로 1회 수업이 가능하고 8~9주 코스로 수강할 수도 있다. 수업은 모두 영어로 진행된다. 45분~1시간 정도 진행하는 개인 수업은 1회당 1,000밧, 9주 코스는 3,000밧 선이다.

원데이 클래스

미술
아트 포 키즈Art for Kids는 5세부터 16세까지의 유소년을 위한 미술 학원으로, 원데이 클래스로는 2시간 동안 그리기, 만들기 등 다양한 미술 활동을 진행한다. 노이나 아트 스튜디오Noina Art Studio 역시 어린이를 위한 미술 학원으로 수준별 맞춤 원데이 클래스를 진행한다. 두 곳 모두 한국인이 많이 찾는다. 강습비는 2시간에 500밧 선이다.

요리
프레시스 베이킹Freshy's Baking에서는 4~12세 아동이 참여할 수 있는 키즈 베이킹 클래스를 운영한다. 1시간 30분~2시간 소요되며 다양한 디자인의 타르트, 컵케이크, 도넛, 쿠키 메뉴 중 하나를 골라 만들 수 있다. 비용은 1~2명이 참여하면 1인 1,180밧, 3명 이상 참여하면 1인 590밧이다.

실내 어린이 놀이터

센트럴 페스티벌 5층의 키즈카페가 치앙마이에선 가장 큰 규모다. 같은 건물 4층에 있는 바운스토피아Bouncetopia는 공기 주입형 튜브식 놀이공간으로 아이들이 좋아한다. 마야몰 4층, 센트럴 플라자 치앙마이 에어포트 4층에도 놀이방 형태의 키즈카페가 있다. 치앙마이 도심에서 다소 떨어져 있지만 애프터 스쿨After School도 한국인 부모들이 아이들을 데리고 많이 찾는 곳이다.

어린이를 위한 야외 명소

아이들이 특히 좋아하는 야외 장소로는 코끼리 똥으로 종이를 만드는 체험을 할 수 있는 엘리펀트 푸푸페이퍼 파크(188쪽), 파충류와 곤충을 볼 수 있는 시암 인섹트 주(189쪽), 넓은 정원과 축사가 갖춰진 농장형 공원 히든 빌리지Hidden Village Chiang Mai가 있다.

엘리펀트 푸푸페이퍼 파크

시암 인섹트 주